上教人文
医学人文

静默之身

THE BODY SILENT

[美]罗伯特·F. 墨菲 著

邢海燕 译

残障人士的不平凡世界

上海教育出版社
SHANGHAI EDUCATIONAL
PUBLISHING HOUSE

图书在版编目（CIP）数据

静默之身：残障人士的不平凡世界 / (美) 罗伯特·F. 墨菲著；邢海燕译. — 上海：上海教育出版社，2022.7 (2023.8重印)
（医学人文）
ISBN 978-7-5720-0558-9

Ⅰ.①静… Ⅱ.①罗… ②邢… Ⅲ.①罗伯特·F. 墨菲 – 自传 Ⅳ.①K837.126.15

中国版本图书馆CIP数据核字(2022)第104176号

THE BODY SILENT：The Different World of the Disabled by Robert F. Murphy
Copyright© 1990, 1987 by Robert F. Murphy
Published by arrangement with Henry Holt and Company, New York.
Simplified Chinese translation edition Copyright ©2022 Shanghai Educational Publishing House Co., Ltd.
All rights reserved.

本书简体中文字版由上海教育出版社通过博达著作权代理有限公司取得独家授权
上海市版权局著作权合同登记号 图字09-2019-388号

责任编辑　储德天
封面设计　高静芳

JINGMO ZHI SHEN：CANZHANG RENSHI DE BUPINGFAN SHIJIE
静默之身：残障人士的不平凡世界
[美] 罗伯特·F. 墨菲　著
邢海燕　译

出版发行	上海教育出版社有限公司
官　网	www.seph.com.cn
地　址	上海市闵行区号景路159弄C座
邮　编	201101
印　刷	上海颛辉印刷厂有限公司
开　本	890×1240　1/32　印张 8.25
字　数	180千字
版　次	2022年8月第1版
印　次	2023年8月第2次印刷
书　号	ISBN 978-7-5720-0558-9/C·0003
定　价	54.80元

如发现质量问题，读者可向本社调换　电话：021-64373213

平装版序言

自《静默之身》首次出版已经过去三年了，人们对这本书的反应一直令我非常满意。我说的满意不是指那些报纸、杂志或专业期刊上的任何书评（这些书评几乎全是慷慨的赞誉），而是指我的读者中那些经验最丰富，也可能是最挑剔的残障人士的反应。两年多来，这些反馈不仅来自我的瘫痪病友，还来自糖尿病患者、肥胖者以及视听能力受损的人（他们通过国会图书馆发行的视频或者录音带读了这本书）。这些读者给我打电话，给我写信，就是为了告诉我我在书中所陈述的都是事实。他们的反响真的太热烈了。

我是一名在人类学领域出版了十来本书的学者，其中大多数作品都在学术界受到了欢迎，但从来没有像这本书一样受到残障读者们如此热情的追捧。这是我第一次尝试着出版大众读物，尽管并没有做好心理准备，但得到的回应让我非常开心。以下是一些信件的节选。

一位来自纽约州北部的截瘫女士说："您的分析是真实的，您的语言是客观的，您关于'不仅为了治愈，更是为了理解'的探讨给我带来了出乎意料的同感，我相信应该还有很多人也有这种感觉……"

一位来自亚利桑那州的残疾女士说："……这些感觉我曾经有过，但一直为之困惑，现在终于云开雾散了。"

一位患有脑瘫的加州男士说："您的作品是我看过的关于身体残

疾的书籍中最棒的……我最近读了不少呢。"

一位下肢瘫痪的加州女士说："您是在为我们代言——如此清晰而有力！"

在这些来自残障读者的信件和电话中，都有一个相似的主题，那就是我表达出了那些在他们头脑中涌动已久，但仍未成形，也没有完全明晰起来的想法和情感，我在书中赋予了它们具体的形式和意义。

我对残障人士内心世界的解读，使他们能够通过对我的认同，把漂浮在自己脑海中的所有碎片化经历，以及自己所有的伤痛和愤怒，连缀成具有一定意义的语境。有了这种自我认知，便有了解放。从某种意义上，读书对他们中的很多人来说，就像写作对我一样具有治疗作用。

《静默之身》告诉了残障人士这样一些事实：**健全人士经常对你们表现出的回避甚至公然的敌意，并不是你们的身体残缺引起的，而是那些有如此行为的人的品行问题——总之，这是他们的问题，而不是你们的。**

这一观点也奠定了这本书的立场。本书于20世纪80年代中期出版，当时里根政府在进行一场残酷的运动：在未经事先告知或医疗审查的情况下，临时解雇残障人士，以减少享受社会保障的残障人士的数量。

一些评论家认为我的愤怒不合时宜，但回想起来，我还是一个字也不想改。残障人士遭受的苦难曾经是这数十年来社会贪婪和不人道的最大污点，这种黑暗的遗毒，将在未来几十年中继续困扰美国。如果不提及里根的这种政策，那无异于一种共谋。

最后，让我用个人的经历来进行总结。在过去的三年中，虽然我的神经系统整体状况变化不大，但是年龄越大，我的精力愈发不济。当时面对四肢麻痹的过程并没有让我绝望，而要我停止教学或研究工作，却是令人难以接受的。

最终法院和国会的介入，结束了那种糟糕的权力滥用。就在我撰写这篇序言的时候，国会刚刚通过了《美国残障人士法案》（Americans With Disabilities Act）。这项立法像1964年《民权法案》（Civil Rights Act）为非裔美国人做出保障那样，会确保残障人士不再被排斥在正常世界之外。

因此，1990年7月1日，在哥伦比亚大学工作了44年之后，66岁的我选择了退休。但我从未退出人类学界，现在我和妻子尤兰达正在对全身瘫痪的人进行一项长期研究。他们由于颈部以下几乎没有活动或者知觉，因而减少了他们对生活的思考和表达。我们询问他们："是什么给予你活下去的勇气，保持了对生活的渴望？"也许这些问题的答案会让我们能够了解是什么维系着人类永恒的生命力。

《静默之身》是我们计划的第一步，它会以这样的主题结束：**永不放弃生命！现在我们的工作就是带大家走近这群人。**

罗伯特·弗朗西斯·墨菲
新泽西州利奥尼亚
1990年7月

目录

序　幕　夜之声　　　　　　　　001

第一部分　开始
第 一 章　体征和症状　　　　　009
第 二 章　"熵"之旅　　　　　　036
第 三 章　回归　　　　　　　　060

第二部分　身体、自我和社会
第 四 章　受损的自我　　　　　091
第 五 章　相遇　　　　　　　　121
第 六 章　自治之战　　　　　　148

第三部分　活着
第 七 章　黯然无语　　　　　　175
第 八 章　深爱与依附　　　　　205
第 九 章　生命无药可医　　　　233

参考书目　　　　　　　　　　　245
译后记　　　　　　　　　　　　251

序幕

夜之声

> 历史……是一场噩梦,我正设法从梦里醒过来。
>
> ——詹姆斯·乔伊斯
> 《尤利西斯》[①]

当晚上最后一名访客走出电梯时,神经病学的楼层与外界的联系就被切断了,里面的患者又回到了医院封闭的世界中。这层楼不同于医院的其他科室,因为这里的患者待的时间更久,而且很多人都已经病入膏肓,无法治愈了。他们不是短暂地在这里住一两个星期,而是长期卧床的老病号。

他们对周围的生活环境已经习以为常,而他们所熟悉的日常被照料的方式,使得他们的处境并不算很愉快。长期患者在某种程度上会有些自我分裂,因为访客所带来的外界发生的人和事,对他们来说缺乏即时性(互动与交流)。

但另一方面,医院夜间作息制度的恢复会让患者退缩到平常的、经过多次住院治疗而变得熟悉的生活轨道上。在某种程度上,当访客离开时,他们是高兴的。此时护工在分发果汁,护士们在给病人

[①] 译文出自金隄译《尤利西斯》,人民文学出版社1994年版。——译者注

吃10点钟的药,楼层里一片忙碌。但到了11点,节奏就慢下来了。患者躺下来开始睡觉,电视都关了,大厅里的灯光也调暗了。不久,只剩下呼吸器不断发出的哒哒声,或是治疗师用手有节奏地轻拍肺炎患者后背的声音。护士站偶尔会响起电话铃声,但随着夜幕降临,声音越来越弱,这便是安静的时光了。

有一天午夜,夜的喧嚣渐渐变成了喃喃的低语,突然,这种宁静被一个尖细的声音打破,那声音在朗诵着《使徒信经》:

> 我信上帝,全能的父,
> 创造天地的主,
> 我信我主耶稣基督,上帝的独生子,
> 因圣灵感孕,由童贞女马利亚所生。

我开始默默地跟着祈祷,但因为我总记不得祈祷文的内容,只记得它的韵律,所以从小就不太会念这个祈祷文。我怀疑当时即便被修女敲打着脑袋,自己也从未深思过这些内容,也从来没有好好用心去记过它。我曾在教堂里吟诵这首赞美诗,也在进行教义问答的时候用同样生硬的唱腔吟诵过它,它连同我受过的碎片化的宗教教育一起,在我的潜意识里久久挥之不去。祈祷文凭借它短暂但古老的形式,会投射出瞬时的魔力,但随着声音的消失,就会变成一种虚空的慰藉。

我对祈祷和自己反应的惊讶,远不及对声音来源的惊讶,毫无疑问,这个声音来自凯蒂尔,一个多发性硬化症晚期的爱尔兰女士。凯蒂尔的身体被折腾得像一只受伤的掉了毛的鸟。在大多数日子里,

序 幕　夜之声

她坐在日光浴室里一个大的木轮椅上,不太被人注意到。她四肢僵硬,四仰八叉,嘴里还发出嘟嘟嚷嚷的声音。硬化症的发展剥夺了她的身体意志和自主神经功能,最终剥夺了她的理性,直到她的祷告之夜,我都不知道她还能连贯地讲话。关于她的悲惨遭遇,我曾多次在想,死亡对于她而言,比在如此悲惨境况下的消耗要好得多。而几周后的一个晚上,凯蒂尔也表现出了这样的渴望,她用尖厉的声音喊道:"亲爱的耶稣,带我走吧,请结束我的痛苦。"

1972年,我的麻痹性疾病最初的症状只是一点肌肉痉挛,它缓慢而无情地发展,到1986年时,我已四肢瘫痪,也就是我写下上述内容的那一年。瘫痪①是我脊柱里的一个肿瘤造成的,它正在缓慢而稳定地生长,最终会使我的身体完全僵化。在医学发生过奇迹,但我不期望会发生在我身上。

不过这也算是一种启发,因为我在瘫痪的过程中,发现了生活的激情和力量,这正是这本书所要讲的。

在过去的四年里,我每年都尝试动笔写这本书,但每一次都会搁浅。因为我无法同时作为观察者和被观察对象,又去同时扮演作者和故事中主人公的角色;无法既担任民族志学者,又是田野的线人。此外,在我的生活和职业生涯中,没有什么可值得撰写的。我是哥伦比亚大学一位62岁的人类学教授,出版过多本著作,也教过

---

① 许多人反对使用"麻痹"和"瘫痪"这两个词,因为这两个词既简短又残酷,而且会让人联想到"小儿麻痹症"这一不再使用的标签。我这么用只是为了简便,以便用一个标题来涵盖多种残障:截瘫(下半身瘫痪)、四肢瘫痪(上半身也瘫痪,包括手臂和手的不同程度萎缩)、偏瘫(全身的瘫痪,最常见的原因是中风),以及其他不容易归入这些的其他瘫痪类别。

六十多个学期研究生课程。我和夫人结婚36年，养育的两个孩子已经成年。除非涉及我要撰写的故事，其他经历都极其平凡，因此我就不赘述我的生活和事业了。毕竟，这不是我的自传，而是重大疾病对我作为社会成员的地位和影响的历史，因为它使我发现了一种与身体瘫痪同样真实的社会关系病。

在某种程度上，我的瘫痪史与其他运动障碍者有很多共同之处，尽管可能在医学病理上有所不同。瘫痪可能是由于脊髓疾病或外伤、脑损伤、中风脊髓灰质炎、脊柱裂、肌肉营养不良、多发性硬化症、脑瘫或其他多种情况引起。它可能是先天的，也可能发生在任何年龄段，或者发生在任何社会经历迥异的人身上。然而，我们的相似之处是社会性的，因为无论我们是谁，无论我们是如何进入倒霉的境地，身体健全的人对待身体残障的人基本上都是一样的。残障由社会定义，由文化赋予意义，这是一种社会病。

因此，我的叙述将对理解所有残障人士的社会生活有重要意义。为了避免以偏概全地从我自己的经历看整个世界的局限性，触犯唯我论的罪过，我还将借鉴六年来我自身的阅读积淀，以及我对残障者生活的观察和实地研究。

从瘫痪中得到的人生经验，对于理解人类文化和个体在社会中的位置，同样具有深远的意义。一方面，社会和对个体行动与评价的象征性标准的关系，是普通人的奋斗和利益之间的关系；另一方面，这两者之前并没有很好地适应彼此，相互支持。

相反地，个体与文化在本质上是冲突的，历史并非人类意图和文化价值的交融，通常是两者的矛盾。对残障的研究是一扇独特的窗口，从中可以看到个人与社会的斗争，因为残疾人不是一个特殊群体，而是人类状况的隐喻。

　　残障可以展现出人性赤裸裸的本质，从而使其成为了人类学研究的绝佳对象。1937年，法国人类学家克劳德·列维-斯特劳斯（Claude Levi-Strauss）研究了巴西中部的南比库拉印第安人，想"寻找一个最接近简单形式的社会"，但最终只发现了人类。而我的工作与列维-施特劳斯的经验方向相反，我是去研究那些因身体残障而丧失某些能力的人，像南比库拉人那样为生存而挣扎的一类人，我发现的却是社会。像列维-斯特劳斯描述的印第安人一样，残疾人是"边缘"人，研究他们在社会边缘的脆弱地位可以让我们了解整个社会生活的全貌。

　　在脊椎手术后漫长的康复过程中，我日夜躺在医院的病床上思考。我太虚弱了，以致无法集中精力阅读，但还能看看电视。我总在想：我到底是谁？在我的身体发生了这些永久性的改变之后，我又有哪些新的体验？渐渐地，我的思绪脱离了躯体，我开始想象，仿佛我的一半栖息在床板上，看着我的另一半，而这一切就好像发生在别人身上一样。在这种遐想中，我的忧愁和焦虑因投入而消散，我被这场巨大的灾难迷住了，越来越感觉到它遵循着某种更深层次的节奏。而我要写的，正是这种节奏和这种结构。

　　近年来，关于死亡权，特别是关于死亡是否比重度残疾更可取的问题，人们有很多讨论。有一部戏剧，后来被拍成了电影，是这样以一个反问句命名的——《不管怎样，这是谁的生命？》这部戏剧想要表现的是主人公——一位因意外而瘫痪的年轻音乐家，有权不经医疗干预而死去。1984年，还有一起类似的引发全国热议的案例，一位患有严重脑瘫和关节炎的年轻女士，希望自己可以被饿死，而她所在的医院强迫她进食,她向法院请愿,要求医院停止这种做法。不出所料,她败诉了,自杀仍然是违法的。然而,1986年她向另一名法官提出请求,这一次是行使拒绝治疗的权利,她赢了,但医院还要上诉。这个事件具有里程碑式的意义。

  我们在对残障者研究的过程中,提出了几个与生死有关的基本问题。当我和妻子尤兰达正在访问政府部门时,一位患有中度脑瘫的年轻雇员突然满面泪痕地推着轮椅进来了,等平静下来后,他告诉我们,大厅里另一部门的一个人看着他,对他的同事说:"要是换了我,我宁愿去死。"这引发了我的诸多疑问:为什么那名男子说得这么大声,就是为了让别人听到吗?为什么我这位年轻的朋友对这种话感到如此震惊?为什么这也会让我如此难过?而且,最重要的是,一个人如果真的死了,会更好吗?最后一个问题也是非常关键的问题,因为要回答它,我们就必须要回答生活是如何构成的。

第一部分

开 始

第一章

体征和症状[1]

如果身体不是一件东西，它就是一种处境……它是我们对世界的掌握和我们计划的草图。

——西蒙娜·德·波伏娃
《第二性》[2]

对于美国中产阶级男性来说，有一个黄金时期，那就是处于他的雄心壮志就要实现和身体开始出现严重衰退之前。在需要接受冠状动脉搭桥手术或发现糖尿病之前的这段时期，他在收入上的潜力和生活中的地位已经接近巅峰。或许正因如此，中年的黄金优势期通常也是一个自我怀疑和害怕失败的时期，因为它提出了一个可怕的问题：这就是全部了吗？然而对我来说，几乎没有时间去思考这个问题，因为我自己的中年黄金期仅仅持续了一个星期。

1972年7月1日，我结束了哥伦比亚大学人类学系主任的三年任期，完成了这个对我来说令人心烦的任务。局外人可能会认为担

---

[1] 参见吉田（1987:120—214），他讨论了在生物医学中界定英语单词sign和symptom的不同使用方法。他强调在多数用法中，应区别客观的sign和主观的symptom。——译者注

[2] 译文出自郑克鲁译《第二性》，上海译文出版社2011年版。——译者注

任系主任应该是学术生涯的顶峰，这只能说明他们对大学里那些不起眼却非常棘手的事情一无所知。大多数教授进入他们专业领域的初衷是教学、写作和研究某些感兴趣的问题，而所有的这些都与行政角色相冲突。研究和写作需要相对宁静孤立的氛围，当然还需要大量的时间和坚韧的性格。而行政职务只会带来持续的干扰：要不断地参加会议，无休止地处理公文，要应付政治上的扯皮以及拜占庭式的阴谋①。还有，你会被完全淹没在琐碎的工作细节中，实际上其中的大部分工作都是无用的。

担任系主任并没有什么好处。多数学校的系主任除了可以少承担一点教学任务外，再没有其他任何实质性的奖励，而且通常也没有额外的报酬。很多不幸的在职者通常会在同事们都已经去度假的时候，还要持续工作很久。人们可能会觉得学校行政部门会善待系主任，然而我却是系里唯一一个一整年内没有涨工资的人——这是来自院长的报复，因为我试着把我们的教学任务和其他学院大系科的相提并论。

有些事能够充分说明系主任的窘境，因为他（她）时常会陷入学生、教职员工和行政管理部门三个不同群体的矛盾期望中。这三重矛盾在1969—1972年间爆发，甚至到了不可控的地步。因为，1968年春天，哥伦比亚大学经历了学生罢课的事件后，突然发现翌年即将面临"破产"的窘境。当时我不得不忍受研究生要求进行彻底改革（他们甚至提到了尖锐的"重组"一词）的冗长谈话，以及院长要求削减预算的漫长会议。在我任职的三年中，学生曾两次罢课。为了对付这些问题，这三年的压力让我疲惫不堪、心力交瘁，迫切

---

① 拜占庭式的阴谋是一种俚语表达，指的是顶级的政治斗争。——译者注

第一章 体征和症状

地渴望回到自己真正的事业中。就在1972年6月30日黄昏,我把工作移交给了下一个"受害者",开心地离任了。我、尤兰达和孩子们当时已经准备好去缅因州度一个月的假,而且还有好几本书等着我写。我当时觉得我的美好生活已经开始了,而且原以为这样的日子会持续很多年——毕竟,当时我只有48岁,并且身体非常健康。

到了7月7日,也就是我彻底解放后过了一个星期,我扔掉了一台笨重的老式旧空调。第二天,我注意到我肛门处有奇怪的肌肉痉挛感,这种紧绷感一直存在,而且似乎跟排便功能没什么特别的关系。当时我的第一反应是耸耸肩,因为我从小就被教育不要对疾病太过在意。这种态度是当时社会中多重因素影响的产物——比如经济大萧条时看不起医生,提倡面对痛苦时要坚忍的价值观,以及对待不顺意的事情时逃避的态度等。如果不去刻意关注,大多数症状的确会消失,因为多数疾病是会自愈的。所以我决定等几个星期看看,因为我坚信自己只是举起重物时拉伤了一块肌肉而已。

然而,在这种痉挛持续存在的同时,突然有一天下午我感到排尿困难。因为已经预感到事情很不对劲,所以我立刻去找了内科医生。我的家庭医生只花了几分钟就发现我有肛裂——这是个通过简单的外科手术就可以修复的肛周肌肉环撕裂,所以这次看诊让我放宽了心。但由于我们度假在即,我决定把手术推迟到秋天。在去度假之前,我又去见了一个外科医生,他试图将鲁普卡因[①](Novocain)注入括约肌以缓解痉挛,这是我经历过的最痛苦的时刻。当时这个办法很奏效,痉挛症状立即消失了,但两天后又复发了。

---

① 一种局部麻醉药。——译者注

到了夏天，痉挛的情况有点恶化了，我的腹壁有个地方也开始痉挛。度假回来后，医生告诉我，消除痉挛时产生的压力可能会带来肠道刺痛，但他估计手术后刺痛就会消失。我喜欢这种直截了当的常规诊断和令人愉快的建议，因为这能避免可能会发生的痛苦。此外，我的肛周肌确实有裂隙，所以用它来解释引起痉挛的原因也是完全合乎逻辑的。10月，我向学校请了几天假去医院。治疗过程（医疗机构用于描述对患者身体进行任何形式干预的术语）很简单，三天后我就出院了。但在接下来的几周里，随着手术带来的不适感逐渐消失，痉挛仍然存在，而且越来越明显。

我觉得这个世界对直肠有毛病的中年男人毫不怜悯，可能很多人觉得我的抱怨有点矫情，连我自己也这么认为。在意识到手术并没有缓解我的症状之后，我不得不又找了另一位医生。而且随着时间的推移，腹部的其他位置也出现了轻微的肌肉牵拉感，这位新医生也无法解释为什么会发生这种情况。之后的两年，虽然痉挛的部位有所增加，但扩散的速度很慢，几乎察觉不到。当时，这种情况还并不太严重——也许只是在说服自己，我开始了正常工作。我日常生活中的唯一变化就是开始慢跑，当时还天真地希望这会有助于缓解肌肉刺痛。然而，慢跑是如此无聊，而且痉挛似乎有加重的趋势，所以我很快就决定放弃慢跑，宁愿忍受痉挛的不适。

一直以来，我们被告知疾病和损伤不仅是生理机能的问题，同时也是心理和社会的问题，现在我算是真切地理解了。身体健康的人把他们的躯体视为理所当然的拥有：他们可以看、听、吃、做爱和呼吸，是因为他们有能够完成这些事情的器官和功能。这些器官以及躯体本身就是我们建立自我认知的基础，也是我们尽力克服并创造现实的工具。正如西蒙娜·德·波伏娃（Simone de Beauvoir）写的那样：人体机能也许不是命运的裁决者，但对人们的事业来讲，它却是一个未知的假设前提。毫无疑问，每个人都轻而易举地接纳这样的事实：有两条腿他就可以走路。他不会考虑也不会惊奇于此，就像他不会感激空气中存在氧气一样，而这些都是关乎人类生存的基本条件。关于这一切，我本来有很多的话想要表达，但是现在只想说，疾病消除了我们对身体认知的误区。有病时身体不再是理所当然地含蓄和内隐，因为它出现问题了。它不再是无意识的主体，而是有意识的客体。而且，这是我生平第一次开始思考我自己的身体状况。我变得非常自觉自知，尽管是以一种不太愉快的方式。

我一直以来都很健康，所以这次直肠手术是我生平第一次住院。值得一提的是，小时候除了常见的小儿疾病，发生在我身上最久远的记忆就是四岁时我曾突然左腿麻木。当时我正在我家后院玩耍，突然左腿无法动弹了。我试图站起来，但却跌倒了。我的记忆在这一时间点断片了，我想应该是母亲带我进了房间，因为我下一个记忆片段是在床上。母亲找来家庭医生，经过一番快速诊断，医生宣布这是"一点点麻痹"，在1928年这也算是很严重的诊断。但他的预估是对的，两周后我就痊愈了。要不是1972年我的身体开始出问题，我几乎都忘了这段经历。但即使这样，我也没有把儿时那段经历与我目前的麻烦事儿联想在一起。

我的病情发展既不迅速也不严重，但它最深切的影响在于对自我的意识，我的自我认知，也就是在我理解和建构的世界以及自我定位的方式上。这好似我的思想被强加了一种精神负担，生活中有一种巨大的不确定性和不言而喻的偶然性。凡是经历过重病或慢性疾病的人对这种感觉都应该很熟悉，但对当时的我来说是完全陌生。

我以前生病只是偶尔的感冒，我在去亚马孙河流域和非洲做人类学的田野调查期间都保持着健康。我的身体没怎么拖过后腿，所以我也很少关注它。但现在这一切都因为这次的病情而改变了，虽然我没有特别忧虑自己的健康问题，但偶尔也会担心一下。而且我身体上的问题也带来了情绪上的焦虑，我的思绪蒙上了一层阴影，这种焦虑藏在思维深层的幽暗区域，偶尔会在深夜作祟。

一位神经科医生曾告诉我，他的大多数患者都有三年以上的病史，我也不例外。和他收治的其他患者一样，我因为误诊而被耽误了，而且我对病情的认识不足又使情况变得更为复杂。做完肛门括约肌手术后我就处于一种医学的尴尬领域中，我的内科医生把我推给了外科医生，而外科医生又搞不清楚是什么病。然后，我不得不去找了一个新的医生。他让我做了一系列强制性的检查，包括上下消化道、肾脏和肝脏，还有一些我已不记得的检查，但所有结果都表明我的脏器完全正常。我告诉医生，那种紧张和不适感似乎是在腹部表层而不是在脏器深处，我也期望如此。但最后的检查证实了内科医生的推断，我的问题可能源于身心失调。

毫无疑问，许多身体疾病起源于心理，或者至少可能因心理作用而恶化。精神分析的第一个成功案例是弗洛伊德治愈了一个上肢瘫痪的女人。而我也亲历过萨满或巫医在缓解患者病症时取得的非凡效果。毫无疑问，因为消化系统是最容易受到这种身心失调的疾病影响部位之一，所以内科医生的诊断非常可信。而且无论如何，他的意见对医患双方都很实用。当常规的检查不能诊断出身体病症时，身心失调病原论就是一个能派上用场的说辞，因为告诉患者"这一切都是因为你想得太多"是一件很容易的事。而这个论调的另一优点就是能隐晦地把错误转移到患者身上。医学史上不乏因身心失调引发癌症的故事，但更多时候能找出具体病因。医学诊断确实是一种艺术形式，但由于科学检验手段取得的巨大进步，当下对这种艺术的需求正在消失。然而，我所需要的并不是一个新仪器，而是一个有着敏锐直觉的资深临床医生。

确诊对我来说是个好消息，因为我终于开始意识到我的问题很严重。我认为自己正经历着疾病造成的抑郁，这意味着一段时期内用某种心理治疗或药物就能治愈我，这个预判远比说这是不可逆的疾病要好得多。内科医生给我开了一种抗抑郁药，还给了我一份当地精神科医生的名单。尽管我一直是人类学界最坚定的弗洛伊德理论倡导者之一，但是学界那整套根深蒂固的偏见让我觉得精神分析的前途很渺茫。我过去常常反驳那些声称它在临床上有效理论上靠不住的言论："不，这虽然在理论上行得通，但是个存疑的治疗方法。"尽管如此，我还是老老实实与推荐名单上的第一个医生约了一下。

前两次会诊主要是检查我身体的不适和目前的情绪状况。很奇怪，我并没有常见的抑郁症状。是的，我没被失眠所扰；我早上起床也没比以前困难；我的食欲也没有减退，当然性欲也没有减退。而且，我没有感到丧失自尊，也没有悲伤、退缩或沮丧。我并没有被抑郁症所折磨。事实上，我最严重的心理问题是对健康的极度担忧。精神分析师仔细研判了我的反应，然后说，他从来没有见过这种完全源自躯体本身的抑郁症，尤其是来自肌肉的抵抗。他说这种情况特别适合生命能疗法，他建议用生命力储能器（orgone box[①]，或

[①] 生命力储能器：一种由多层木材和其他材料（比如锡）构成的盒状装置，其发明者威廉·赖希声称，这个装置可以帮助坐在里面的人恢复生命力，从而帮助治疗阳痿、癌症，以及普通感冒等。——译者注

名 orgone-energy accumulator）展开一个疗程的治疗。"你居然是一个赖希人（生命力储能器的发明者为赖希）"，我听后惊呼道。医生又赶紧打退堂鼓，说："那如果你不愿意，我们还是用标准的心理治疗方法吧。"威廉·赖希（Wilhelm Reich）的理论①认为，身体和心灵接受的能量源自生命力的辐射，这是一种假定的性能量或生命力[orgone，这个词与 orgasm（高潮）是同源词根]，它分布在整个宇宙中，可以收集和存储在一个特制的金属盒中，患者可以坐在这个盒子中进行治疗。在我年轻的时候，这种治疗方法还没那么流行，但令人惊讶的是到现在它居然还有一批追随者。在1950年，我曾认为这简直就是无稽之谈，而且当时也没人能改变我这种想法，因此我在精神病学方面的历险就此结束。

可我肌肉的症状发作得越来越厉害了，尤兰达建议我去看看神经科医生，而这正是我几个月来所一直试图逃避的。当我的内科医生终于给出了同样的建议时，我决定不继续躲在幸福的神话背后——认为这一切问题都是精神上的。作为医学的专门学科，神经病学在我的脑海里跟肿瘤学（即恶性肿瘤学）差不多：都是个坏消息。我对神经病学知之甚少，仅仅知道与其相关的疾病往往是严重和致命的。就算不是大多数，我也知道这类疾病往往是无法治愈的。最后在这种恐惧和厌恶的状态下，我于1976年4月预约了新泽西州的一位神经医学专家。

最初我接受了标准的神经学诊断，测试了手臂和腿的肌力，以

---

① 奥地利精神分析学家威廉·赖希（1897—1957）的心理治疗理论，该理论认为性压抑是所有人类神经症和非理性行为的根源。——译者注

及皮肤的敏感度。神经科医生用针刺我的胳膊和腿,并用一个振动的音叉对着我的双脚,测试我何时感觉不到音叉的振动。与此同时,还做了关于脑功能的标准脑电图检查。但最终判断病症的测试也是最简单的——对巴宾斯基反射的检查。在测试中,医生用一个坚硬的物体——通常是一把钥匙——沿着我的脚底刮擦。普通人不会对此有明显的反应,但是两岁以下的儿童或中枢神经系统严重受损的人在测试时,大脚趾会向上弯曲。当医生拿钥匙沿着我的左脚底划过时,我的大脚趾向上弯曲了。然而,包括大脑和脊髓在内的中央皮层是一个很大的区域,因此需要进一步测试来确定毛病出在哪儿。我先去了放射科医生那里,针对脊柱进行全面的X光检查,没有任何异常。然后又进行了脑部电脑辅助断层扫描(CAT),这也没什么问题。下一步是脊髓造影,这是一种检查的程序,要将造影剂注入脊柱内部,使该区域在X射线的照射下成像。这个检查结束后,患者必须留在医院过夜,因为检查结束后的坐、站或其他动作都可能造成剧烈的头痛。基于这个原因,脊髓造影并不是一种常规的检查。而且它也存在一定的风险,有可能会对脊髓造成潜在的威胁,直到症状出现。

我登记入院后立即前往放射科,在那里注射了造影剂并躺在可倾斜的检查台上进行X光检查。首先是水平位置造影,然后我要低头,再抬头,这就让造影剂可以从颈部到骶骨在整个椎管中流动,结束后我回到了自己的房间。午饭后,我还有另一组X光检查,头向下倾斜、双脚朝上,然后我被告知第一组检查中发现问题了。那天下午晚些时候,神经科医生来到我的房间,告诉我他们在脊柱内发现了一个"阻塞",这无疑就是我毛病的根源。

这个消息让我木然，但确诊后我并没有完全崩溃。我立即告诉医生，我想转到哥伦比亚长老会医学中心的神经病学研究所，在那里我可以接受在脊髓问题方面有丰富经验的专家的治疗。他同意了，并指出我的椎管完全堵塞了，以致造影剂流不到颈椎或颈部区域。为了确定病情的严重程度，他们还需要进行脑池造影，这是一种通过在颈部侧面介入长针，从而将造影剂注入椎管顶部的过程。医生说，当地医院没有这方面的设备，因此他将我转到神经病学研究所，并介绍给了该所一名医务人员。

现在很清楚，我的问题比我最坏的预期还要糟糕。我的左腿肌力在去医院之前已经有点减弱了，而脊髓造影所注入的造影剂的刺激让我在检查后的几天都跛脚。此时，我身体大部分躯干也出现了肌肉痉挛，身体的正面、背面都受到影响，而且新症状出现的频率还在增加。现在我明白了原因，开始回想起一些症状。在堵塞被发现的前几周，我曾失去平衡，从一个四脚梯上摔了下来，而且我走路偶尔会轻微蹒跚，朋友们还猜我是不是喝了酒。原来，我的协调性和平衡感在一个如此缓慢而又微妙的过程中逐渐恶化，而我对此却毫无察觉。

我的左脚也有刺痛的感觉，这归因于我每天吸两包半香烟的习惯。刺痛发生在每天早餐喝咖啡时，也就是在我点燃当天的第一支烟后不久。几次深吸后，我的左脚会有一种感觉，好像它已经"睡着了"。为了证实是尼古丁导致我的毛细血管收缩这一假设，有一天早上，我苦苦忍了两小时没有抽烟，然而，就在我吸入第二口香烟时左脚又发生了刺痛。这是一次精彩的科学实验，但我忽略了为什么刺痛出现在左脚而不是右脚。事实上，我的疾病已经减缓了左脚的血流速度，所以一点尼古丁引起的血管额外收缩就足以使知觉达到阈值。但谁会怀疑一点点肌肉刺痛或僵硬可能是一种神经性疾病的主要症状呢？然而脚的刺痛成功达到了外科医生的报告都没达到的效果：让我确信自己应该戒烟。我也这样做了，真的完全戒掉了。但那几个月所经历的痛苦，让我坚信戒烟比戒酒更难。

带着非常复杂的情绪，我去了神经病学研究所。一方面，我乐观地认为自己会得到最好的护理，并且疾病会被成功治愈。另一方面，从脑池造影开始，我就不敢奢望他们能够有完美的疗法了。但最让我感到沮丧的是，我意识到自己失去自由了，我将在未来一段时间内成为医院的临时囚徒，我的未来在医疗机构的控制之下。我陷进一张巨大的网，一个我可能永远不能摆脱的陷阱。我别无选择，只能放弃对自由的幻想，屈从于一个新的陌生秩序。这种受困感远远超出正常住院者的感知，因为在我对治愈的渴望之下，我怀疑自己可能会患上慢性病。我不是简单地在医院里面度过不适的两三周，而是要面临一种新的生活方式，一种"病态"的职业生涯。

塔尔科特·帕森斯是20世纪中期社会学的领袖人物、首屈一指的大师，他撰写了几篇关于作为社会角色的疾病的文章[1]，这一领域由人类学家大卫·施奈德在1947年所著的关于"美国军队中疾病的利用与滥用"一文[2]中所开创。帕森斯的文章语言表述略显累赘，显

---

[1] Talcott Parsons, "Definitions of Health and Illness in the Light of American Values and Social Structure," *Patients, Physicians and Health*, edited by E. G. Jaco (Glencoe, Ill.: Free Press, 1958); Talcott Parsons, *Social Structure and Personality* (New York: Free Press,1964).
[2] David M. Schneider, "The Social Dynamics of Physical Disability in Army Basic Training," *Psychiatry*, 1947.

得不那么社会学，但如果翻译得当，就会发现它阐明了每个得过病的人都有的常识：一个人的普通社会角色，包括母亲、父亲、律师、面包师、学生等都会在他生病时暂时被叫停。当一个人成了"病人"时，根据疾病的严重程度，他承担的部分或全部义务就会被免除。

暂停病人的部分义务并不意味着他没有责任了。恰恰相反，他肩负着一项重大责任：必须尽一切努力让自己康复。在我们的现代医学文化中，这意味着他必须服药并遵医嘱，这种预期把病人调适成被动的角色。病人可以请假不去工作或上学，家务暂停或者可以少做点，夫妻生活也许会暂时搁置。但与之相对应的，他必须全身心地投入身体康复中。

生病也有生病的规矩。如果一个人只是得点小病，他可能会因为太过逃避正常的义务而受诘难。因此，在施奈德的论文中，那些有点不舒服就请病假的士兵被认为是懒汉，经常这样做的人往往都会被起外号叫"懒骨头"或"泡病号"。我们会蔑视或惩罚前者，嘲笑后者。另一个极端是逞英雄，这些人置病痛于不顾而忙于他的日常事务。然而，这类带病逞强的人并不会获得太多赞扬。身患重病却还在照顾孩子和家庭的母亲一旦恢复良好，会被称赞；但如果她的病情恶化，那就是"自作自受"。那些以前称赞她有魄力的人会说："都是三个孩子的妈妈了，她有义务善待自己。"因此，母亲的角色从女英雄转变为连自己都照顾不好的人，还会被认为病情是自己作的，是因为她违反了生病的第一条戒律：康复。

与其他所有社会角色一样，一个人在生病中的角色有成功也有失败。成为一个成功病人的关键准则是：不要抱怨！明明身体很痛苦却还能面带微笑和开玩笑的人会受到所有人的尊重。医生和护士特别欣赏这类病患，因为他通常很听话，很少会发生医疗纠纷。去医院看病人的探望者也很喜欢这种愉悦的氛围，病人很快就会意识到他被期望去逗乐他们，从而减轻探访者因自己身体健康而产生的内疚感。用社会学家欧文·戈夫曼著名的拟剧论——戏剧隐喻社会互动①——来看，这些是前场或舞台上的表演，然而后台行为可能截然不同，公共场合中的英雄可能会是家里的唠叨者。而一个糟糕的病人，要么是专横跋扈，要么是哭哭啼啼、顾影自怜或者兼而有之。而且就像前面提到的，糟糕的病人一定是不守规矩。所以说，其实生病的过程中也有重要的社交技巧。

　　与公众的担心相反，绝大多数住院患者在出院时不仅生龙活虎，而且比他们入院时更健康。在医院里，患者失去的不是生活，而是选择的自由，因为患者必须服从医院的各种规章制度。当一个人的日常生活习惯被改变，且处于被监护的状态下，他就完全被动了。他的所有社会角色都被剥夺，仅仅成了众多患者中的一个。医院会关注个体的年龄、性别和社会地位等，但这对护理的影响比想象中要小得多。总的来说，医院对患者的平等民主程度要高于社会上能提供的最大限度，他们会一视同仁。当医务人员成为患者时，发现自己在曾经掌控的机构中会被视为未成年人来关照，这特别令人恼火。而且住院者很快就会知道他必须遵守医院的条例。比如我曾经住过两个月的病区，规定下午4:30吃晚餐。如果感觉肠胃不适而去

---

① Erving Goffman, *The Presentation of Self in Everyday Life* (New York: Doubleday, 1959).

求助于护理人员，他们就会给你拿来通便剂。其中所有的患者都遭遇过的臭名昭著的惯例就是得在早上6∶00量体温。还有一个我待过五周的病区，甚至每天早上5∶30就要洗澡，因为白天护士太忙了顾不上。

患者还需要遵从其他方面的规定。从主治医师到护士到患者，权威是逐级递减的，每个层级都需要服从上级。所有这些都是可以理解的，但是非常烦琐。鉴于其规模和复杂性的问题，普通综合医院必须按照一个"合理化"的系统运转：精细的劳动分工、一丝不苟的责任分配和精心的活动安排。医院具有官僚组织的所有特征，而且就像各种官僚组织一样，它既滋生非人格性，也依赖非个人化。值得注意的是，官僚组织的"合理性"仅指为了推行规章的努力而非其实际运作。相反，正如社会学家罗伯特·杰克沃（Robert Jackall）精妙的论证所言，这些精心设计的实际结果往往是在混乱中运作，医院就是理论与实践之间巨大差异的最好案例。在这些地方，弗洛伦斯·南丁格尔和《飞越疯人院》（*One Flew Over the Cuckoo's Nest*）中的拉契特护士长同样会有宾至如归的感觉。

在某种程度上，医院是一个"整体机构"，是病患者生活在其各部门的羁押场所，它是一个社会关系的孤岛。① 这种整体性没有军队或监狱那么强，但精神病院和体能康复中心这种长期护理机构的封闭性却很接近军队或监狱。真正封闭的整体性机构通常会试图抹去人们先前的身份，并使个体接受一个由权威强加给的新身份。监狱和军方都会为新来的人理发、编号。头发能重新长出来，但数字身份却是持

---

① Erving Goffman, *Asylums: Essays on the Social Situation of Mental Patients and Other Inmates* (Garden City, N. Y.: Doubleday–Anchor, 1961).

久的。在我退役的25年后，我曾有次不经意地报出了我的海军序列号，而不是我的社会安全号码。所有这一切的目的是让个体忘记他是某人的儿子或丈夫，而将他自己定位成士兵或囚犯。从我身上体现出的海军印记这一点就表明这种管理很成功，比如我早期的教授生涯被一种不安感所影响，就好像我是一名上错了船的海员。我曾经如此彻底地被灌输了我是水手这一角色的意识，后来费了很大劲才适应学术身份。

医院会要求住院者首先将自己视为患者，因为这是一种顺从和服从的条件。这就让医务人员能保持距离，并以客观无私的态度对待患者，将他视为一个病例而不是作为一个人。患者可能不喜欢这种治疗方法，它具有公正无私的优越性。但实际上他是这个过程的共谋者，毕竟他的其他角色和义务都已暂停。对于大多数人来说，这都是常识，它已经成为无数学术论文的主题，但由于我确切地意识到自己正在陷入一种社会困境，所以需要再重复一遍。

神经病学研究所隶属于哥伦比亚长老会医学中心，也是哥伦比亚大学内科和外科学院的教学医院。它与我去过的大多数医院有所不同，这里只有100张床位，规模很小。大部分人都是长期患者，流动性也很小，我也猜想待的时间越长意味着探视者越少。无论如何，这个研究所比其他综合医院的机构更安静，规模小也使得规矩宽松些。护士和护理员也会更熟悉了解患者，因此彼此的关系更富有人情味。我从未被问过："今天我们怎么样？"

这些优点弥补了建筑物及家具陈旧方面的不足。1976年5月，我住进去时，我的房间甚至没有一般的床前照明灯，只有一个摇摇晃晃的落地灯。床是旧式手动的，家具都安了轮子。对站不稳的神经系统患者来说，这些设施提供不了什么帮助。除了昂贵的私人房间，其他房间都是在狭小空间里硬塞了张床，客人来了几乎没有地方待，"空调"也是老古董。事实上，研究所的建筑情况非常糟糕，几年前它还差点失去了建筑安全资格认可。后来医院决定建造一座新楼，能满足研究所未来的发展需求，这才让研究所免于关门。

然而，这个神经病学研究所的重点不在于它有60年历史的建筑，而在于它拥有一支医术精湛的医疗队伍。我从新的临床医生那里知道的第一件事就是不需要再做脑池造影了。新泽西州专家寄来的X光片显示，脊髓造影时注入我身体的造影剂已在堵塞上方渗透，其轮廓从上到下清晰可见，这是个好消息。但坏消息是形成的堵塞是从第二颈椎延伸到第八胸椎，从颈部顶端到胸部中间部分——肿瘤几乎有脊柱的一半长。幸运的是，它的上端细薄，并没有挤压到脊髓。肿瘤的生长虽然缓慢稳定，但如果不加以控制，也可能会破坏我大脑以外的整个中枢神经系统。从好的方面来看，医生观察到它是一种室管膜瘤，是生长在脊髓室管膜或内膜上的良性肿瘤。我目瞪口呆地听着他的讲述，感觉我有序且安逸的生活在眼前开始分崩离析。

听起来良性肿瘤也许还有希望，但神经肿瘤与躯干肿瘤不一样。良性肠道肿瘤可以长到很大而不会造成重大或持久的损伤，并且通常可以与邻近组织一起被成功切除。然而，神经肿瘤是在颅骨或椎管的有限空间内生长，当肿瘤长到一定大小时，就会对大脑或脊髓产生压迫，神经细胞会因受压而死亡。此外，神经组织的一个显著特征是，一旦死亡就永远不会再生，其功能的恢复只能通过身体使用其他神经通路来实现，而这种可能性非常有限。因此，大多数神经性损伤都是永久的、不可逆的。良性脑瘤能使人失明、变成跛子、疯狂，甚至死亡，而良性脊髓肿瘤能不可逆转地让人彻底瘫痪，最终成为植物人。但另一方面，医生补充说，室管膜瘤很少会致命，你可以带着这个肿瘤活很多年。我想了想，然后问他："这是好消息还是坏消息？"

现在很难回想起我当时的心态，但我很平静地接受了诊断结果。大多数人在听到这些令人沮丧的消息时既不会愤怒也不会哭泣，更不会意志消沉甚至自杀。许多人一时间无法充分领会这个消息的全部含义，可能会茫然几个小时，直到最终理解沉重的真相。我花了很长时间才意识到我所听到的事情的严重性，这段时间足够调动我的心理防御系统，在自己和难以接受的现实之间筑起一堵墙。我记得我抓住的救命稻草：也许肿瘤可以通过手术轻松摘除？神经科医生非常小心谨慎地回答了这个问题，他明确表示这种类型的肿瘤很难切除，他显然不想让我抱太大期望。在他的保留意见中，我感受到了某种悲观情绪。医生说，必须要记住，肿瘤已经长到脊髓一半那么长了，而且已经长了很久。长了有多久？很多年。这个肿瘤甚至可能是先天性的，也许在我童年摔倒那时就已经有了。

神经科医生警告我不要过早地下结论，因为他们对这个肿瘤了解得还不多，他要在完成一系列的检查后才可能有判断。我马上接受了这种观望态度，这是考虑到疾病最坏情况的唯一选择。我曾经问神经科医生情况有多糟糕，他神情痛苦地回答说："你真的想知道吗？"最终我还是不敢知道。

我逐渐学会了着眼于当下的生活，以防我对这种疾病的最终结果想得太多，我从意识中压制任何不可想象的景象。过去十年来，我一直维持着这种状态。在我渐进式残疾的许多阶段中，我一直在防止自己去想接下来会发生什么。当我面对每一次对身体的折磨，无论是源于自然，还是源于药物，我都活在当下。为了避免被误解为企图逃避真相，我以前的确知道（现在仍然知道）会发生什么事，但我也明白自己什么也做不了。担心不可避免的事情是人类最愚蠢的行为。这就像为死亡而烦恼，这样会毁了你的生活。

  大家错误地以为我是英勇无畏或是厚脸皮地在虚张声势，因为我已经平静而轻松地与医护人员谈论我的术前准备，并且看上去我会泰然面对未来。然而，这既不是勇气也不是虚张声势，只是情绪的自我麻醉和意识的放纵，这是一种长期精心培养出来的能力——克制当下，不奢望未来。作为当时班上同学中最小的男孩，对于我来说，我认为勇敢表达怯懦是明智的选择。但我可以如实地说，听到诊断后我并不害怕，除了预料到惨淡的未来，仿佛真实的我站在一边，看着这一切发生在别人身上。我最强烈的反应是有点惊奇和畏怯。"我真混蛋！"我说，这几乎就是我在30多年前对海战的反应——我不是一个战士，而是一个观众。这不是勇敢，只是空洞的自我的早期表现，它会在未来几年的残疾生活中强烈显现。这种技巧不只是我个人的逃避，也是人在重压下的正常反应。就像1945年的维也纳国家歌剧院，在苏联军队破城前一晚还按预定计划演出。并且有研究表明，自然灾害的幸存者总会试着迅速回归普通的日常生活。当未来充满危险和不确定性时，人们就活在当下，正如我过去一样——现在也是这样。

  "活在当下"的主旋律在美国已成为一种陈词滥调，这句话甚至被用作结局平庸的电视情景喜剧的主题。然而就我而言，这个参考框架远远超过了"肠满今朝愁，莫添他日忧"的纯粹寻乐的意涵，并会影响我对个人生活经历的感知。我的过去一分为二：坐轮椅前和坐轮椅后。我认为发病前的几年是一段黄金时期，而近期前兆不利，未来阴郁，希望破碎。我的过往不再是一帆风顺，而是两极分化的，我长远的未来也遥不可期。

现在是1986年，我62岁了，虽然我有资格在三年内获得全额退休金，但我并不考虑退休。原因很简单——我不指望能活到65岁。这可能是一个错误的预期，正如我在1976年了解到我的病情的严重程度之后的想法——我活不到1980年。但无论我的预测多么有失偏颇，我的态度一贯如此。1980年，在申请为期两年的研究经费之前我犹豫了很久，因为我担心自己的健康状况可能会影响计划的完成，之前我的大多数计划都不超过一年。此外，未来似乎是一片空白又无法穿透的墙。一个乐观的灵魂对我说："你应该把每天当作你余生的第一天。""好的，"我回答，"十……九……八……七……"奇怪的是我一点都不觉得沮丧，好像事情本来就是这样。

不杞人忧天策略的关键是一个运作良好的克制机制，即能够摆脱自己的情绪，减轻恐惧感的能力。有人说这不是一项能轻易获得的天赋或资质，而是取决于一个人的看法。我的克制能力是在20世纪三四十年代成长为天主教徒的产物。20世纪20年代，我们家人从"蕾丝窗帘爱尔兰人（lace-curtain Irish）"①升入稳定的中产阶级（还是劳工阶级），但是在大萧条时期重新陷入贫困。我父亲曾经是一个帆船杂志的广告推销员，他业绩非常好，好到足够在洛克威海

---

① "lace-curtain Irish"指代经济方面类似中产阶级，但是社会地位非中产阶级。——译者注

滩——纽约皇后区的海滨地带买房子。然而，在禁酒令时期，作为旅行推销员的生活让他"不亦乐乎"到酗酒的地步，而他母亲长期以来对他的溺爱和姑息纵容了他。1931年，他酗酒的同时，帆船行业行将消亡，他发现自己成了全国那三分之一的失业人员，除了打一些短期的零工，接下来的十年他都处于失业状态。

从那时起，我的父亲沉迷于酗酒，抑郁自怜，越来越脱离社会和家庭。此时我的两个兄弟、我的姐姐和我开始意识到我们身上发生了什么，我们非常怨恨父亲，认为我们穷困、羞愧、尴尬都是因为他。大概在20世纪30年代中后期，我们的朋友很少来我们家。我仍然记得父亲是一个被孤立的潦倒男人，他对他的孩子很少表现出爱，但他也从不惩罚我们。我不认为他细致耐心或强大到足以掌控家庭，我也从来没有跟他有过长时间或严肃的谈话。但我认为这很正常，因为那个时候父母和孩子之间的沟通远不如今天，尽管现在也有关于"代沟"的无稽之谈。

在这样寒冷而拮据的环境中，唯一的温暖来自我们的母亲，一位善良而慈爱的女性，为了保护她的四个孩子并维系这个家庭而含辛茹苦。我父亲结婚后依然软弱，因为他离开一个强壮的女人（母亲）到了另一个女人（妻子）身边——转移了他的依赖，延续了爱尔兰家庭常有的恶性循环。1935年，我母亲患上乳腺癌，病情越来越严重，她越来越虚弱，最终于1937年去世，分娩加速了她生命的终结。这个家里甘于奉献和爱的顶梁柱没了，我们都面临着一个黯淡的未来。起初我哭得伤心欲绝，但是等到葬礼结束时，我的眼泪已经止住了。虽然我还伤心了很多次，但自那以后我再没有哭过。我父亲的母亲接管了家务，担任一部分母亲的角色，我们五个兄弟姐妹仍然互相扶持，但是我们学到了一个深刻的教训：爱会让人失去。

多年的贫困、父爱缺席以及母亲的去世教会了我为了生存而不得不抑制恐惧和悲伤。这符合当时的孩童期伦理，基本原则就是：永不哭泣。男孩们被教育要坚强，克制自己的情感，避免表现出柔弱敏感。在我的四个兄弟姐妹相继去世的时候，这个原则让我无法发泄悲伤，但也让我在困难的时候变得坚强而非恐惧自怜。

这可能是我在生活中学到的最珍贵的东西，因为它让我平安度过了一场战争。在我所服役的小型战舰上，笑几乎是唯一可以表达情感的方式。我们住得很近，情绪是会传染的，所以船员之间的好斗情绪必须要压制，任何恐惧的表现都绝不允许。我们的笑声有时令人毛骨悚然。有一次，一名美国战斗机飞行员判断失误，在我们作战舰队上方追击一架日本自杀式飞机，两架飞机都被海军炮手击落。第二天，我们的一个甲板水手在驾驶室一侧画了面美国国旗，旁边还画了面日本国旗。船长没有被逗乐，但船员们认为这很有趣。悲悯和共情在当时几乎没有生存价值，最后在我与尤兰达的婚姻和对两个孩子的抚育中，我才恢复了爱的能力。

这种在大萧条至二战时期非常普遍的坚忍态度，与当代强调"关注自己的情感"的方式并不合拍，我认为这种表达既有心理问题，也很自恋。我们现在生活在这样一个时代：鼓励男性（通常是被女性鼓励）表达自己的情感，最重要的是要培养流泪的能力。矛盾的是，许多职业女性害怕她们在压力状态下可能在公共场合流泪，这含蓄地暗示男性仍在社会上占主导地位。这种克制需要相当大的情感成本，但它也有积极的作用。某些恐惧和伤感无须诉说，1976

年我住院时所隐藏的那些情绪就是其中的一部分。我不敢想我的身体会渐渐地毁灭，不敢想我的意志会逐渐消磨殆尽，不敢想我的思想在惰性的细胞质中被湮没。

当我的神经科医生告诉我，肿瘤长得最大的部分位于脊柱的胸椎顶部，差不多在肩胛骨之间时，"太神奇了！"我惊呼道，"这正是蒙杜鲁库①人坚信的灵魂所在的地方！"医生听得一脸迷惑，我向他解释说，蒙杜鲁库是巴西亚马孙地区的一个印第安部落，是我和尤兰达在1952—1953年间曾经做研究的田野点。按照这个部落的人的看法，生病的主要原因是灵魂受到了伤害。我想一个好的萨满也许可以治好我，甚至可以找出是谁对我造成了伤害，但医生对我的这一想法不以为然。然而，这个巧合引发了我对原始疾病与现代疾病概念之间的关系的一系列思考——最终，思考我们如何将精神形态加于周围的世界在精神世界里能感知到的方式。

许多原始人将疾病的根源追溯到违反秩序与和谐。纳瓦霍人（Navaho）的治疗方法是恢复病人和部落在宇宙之间的平衡，中非共和国和苏丹的阿赞德（Azande）占卜者通常会将病人的疾病归因于未能遵守仪式，如违反食物禁忌等。无独有偶，一个蒙杜鲁库人

---

① 蒙杜鲁库人（Munduruku，亦作Mundurucu），亚马孙热带森林中的南美印第安人，使用一种图皮语族的语言，居住在巴西帕拉（Para）州的西南部和亚马孙州的东南角。蒙杜鲁库人的经济活动为热带森林类型：农、渔、猎与采集相结合。男子作战、狩猎、捕鱼，妇女耕作。其社会结构以氏族和部落分支为单位，采用父系制，实行族外婚。现代蒙杜鲁库人以采取野橡胶树的胶乳为生，并以此换取工业制品。由于对巴西经济的依赖，使蒙杜鲁库人的生活发生了变化。只有生活于亚马孙森林中的蒙杜鲁库人才未受同化。——译者注

认为在吃肉时未能恪守礼仪,会引发动物之神的愤怒;或者哺乳期的母亲可能会因为吃无鳞鱼而导致她的孩子生病。这些法则中的一部分是出于生态或健康的目的,但大多数是象征性地把有序和健康、失序和疾病对立起来。实际上,这些信念可以向病人和他的家人解释病因,减少他们的焦虑,同时促进疾病痊愈。然而,在另一个层面上,它们也告诉我们社会和自然的秩序是微妙的,并预先规定了一系列强制行为规范以维持其微妙的平衡。那么又是什么使社会平衡受到威胁,必须通过诉诸超自然力量来实现再平衡呢?

人类想象力所创造的世界比我们所生活的真实社会系统更有条理,更加结构化,我们用来理解社会的心智结构与实际发生的事情只是松散地联系在一起(有时是相反的)。我们把社会体系中的这些传统观点视为事实,是社会现实的真实再现,但其实这些都是社会建构的现实,是人类为使社会永续而使用的手段,并非是为了澄清事实。他们这样做的目的,不是为了清晰地阐明社会生活,而是把它阐释得很模糊,甚至很神秘。正因如此,我们赖以生存的集体幻想是脆弱的,是不堪一击、转瞬即逝的。社会秩序在很大程度上是一种心理秩序,社会中的所有骚乱都涉及心灵震荡,反之亦然。必须要理解这一点,才能更好地理解肿瘤、瘫痪和文化之间的全部意义。

在蒙杜鲁库和许多南美洲的其他印第安社区中,人们认为对健康最大的威胁来自违反社会秩序,尤其是心怀恶意和疏远他人的行为。按蒙杜鲁库人的说法,那些人"对每个人都感到愤怒"。按照他们的观点,大多数疾病都是由邪恶的巫师造成的,他们会制造出一种名为"乔西"(caushi)的超自然物质,它会进入人的身体并诱发疾病。必须请一位出色的萨满，通过按摩和抽吸以驱除"乔西"，然后再用草药来辅助治愈疾病。当一个村庄里的很多人都染上重病时，就必须召唤强大的萨满找出邪恶的巫师，最终巫师会被处决。定罪和行刑都是通过整个部落的集体行动来完成，从而恢复社会秩序和身体健康。

　　巫师和他的魔法是一个寓言，说明了人类在使用想象力来控制疾病，反过来，想象力也是利用疾病在象征秩序的问题。生病的原因是人眼不可见的外来物入侵身体，然后这个异物慢慢从内部摧毁受害者。这是我们自己关于恶性肿瘤的隐喻，这种隐喻也可以推及几乎同样具有破坏性的良性中央皮质瘤。苏珊·桑塔格在其所著的《疾病的隐喻》①中将癌症视为与自然秩序的强烈偏离,因为恶性肿瘤细胞在不受限制的情况下成倍增长，而且它的结构与正常生物组织完全不同。桑塔格将癌症称为"他者的疾病"，并且她灵光一现，将这与经典的科幻电影《天外魔花》（*Invasion of the Body Snatchers*）相比较。影迷们会记得，用这个影片名已经发行了两部电影（第一部是最好的），这个主题广为流行，这个故事似乎也天然地具有吸引力。在影片中，来自外太空的外星人借用地球人的身体和身份，成功地潜伏着，甚至被盗窃身体者的丈夫或妻子都被欺骗了。他们只觉得他们的伴侣最近似乎"有点不对劲"。"窃体者"主题现在还保持一定热度是因为有人相信有飞碟，只是政府密谋否认飞碟的存在。这是一种典型的偏执狂幻想：表面正常，但在正常的表象之下，破坏力悄悄地蚕食社会或自我的根基，并且正在原地建立反秩序。癌

---

① Susan Sontag, *Illness as Metaphor* (New York: Farrar, Straus and Giroux, 1978).

症同样如此,正如桑塔格所观察到的那样:"癌症正为世界提供一种过分简单化甚至偏执的视角。"①

外来物体侵入体内后产生对自然秩序的干扰,是人类对疾病最古老和最普遍的解释之一。我猜想我们对肿瘤生长的强烈恐惧是这些远古恐惧的再现。桑塔格也注意到妄想症存在于公共生活中。许多作家都会写到20世纪中期的塞勒姆女巫受审案,而人类学家对原始社会中的巫术信仰和实践也做了类似观察。就像他制造的看不见的邪恶物一样,蒙杜鲁库巫师被认为是秘密地继续着日常活动,在社交的幌子下散播着疾病和痛苦。杀了被指控的巫师可以解救大家,同时消除投射到巫师身上的民众的恐惧、嫉妒和隐秘敌意。善良的萨满可以使身体和部落恢复正常功能;而邪恶的巫师会造成死亡和混乱,这实际上是同一回事。

正如桑塔格所述,肿瘤会激发偏执狂,精神病最令人着迷的一点就是通常偏执狂与天才只有一线之隔。这也是人性正常的困扰,因为我们所有人都有点偏执狂的态度,尽管只是程度更轻。其中最典型的幻想就是我们生活在一个有着高度确定性的特定宇宙中,这种秩序常常隐藏在表象之下,可以说是幕后动机,一个偏执狂试图揭开的、针对他的阴谋。然而,这种"幕后"也是社会科学的共同假设,它试图找到社会实践的"潜在功能",即其所服务的隐藏目的。真正的偏执狂的不同之处在于他会夸大规则并完全脱离实际。秩序和因果概念逾越了极限——从而变成了疯狂。

人性研究者将大量的驱策、冲动、欲望或诸如此类的东西都归

---

① Susan Sontag, *Illness as Metaphor* (New York: Farrar, Straus and Giroux, 1978), p. 68.

因于人类这一物种的自然禀赋，这给人一种不安的感觉，似乎人类本质上只不过是一种本能拼凑的动物。这其中很多与当前的政治意识形态的相似让人疑窦丛生，所有这些都是悖论。鉴于这种错误的遗传学所假设的人类"与生俱来的特征"的广泛存在，我们惊讶地发现，古老的亚里士多德学派认为人类是理性的创造，这一看法在过去30年又重新流行于克劳德·列维-施特劳斯的结构主义理论中。结构主义理论的核心是这样一个前提，即人脑有一个固有的结构或组织，并且源于该结构，全人类有着以二元对立的类别进行思考的倾向，而不是文化可以重新塑造一个人的思想和信仰。列维-施特劳斯认为，所有人类的思想都大同小异：我们将感知分为对立的类别，从而构成了我们对世界理解的框架。该理论继续假设大脑试图将这种自然的二元论投射到文化上，而且这些心理结构也大量体现于人类的神话和婚姻制度中。那么，人类对秩序的需要促使我们在自然界和社会中寻找系统性共同点，当我们找不到任何共同点，那就发明它。

人脑是否按照列维-施特劳斯的理论工作仍然是一个悬而未决的问题。但一个经验事实是，在他所有的调查中，头脑都在试图设定某种关于秩序的体系。这是所有民族和文化的特性，但我认为这是一种生物遗传的倾向，而且更愿意说这源于我们最深刻的生物冲动，即自我保护的本能。我们寻找秩序，因为它使可预测性成为可能。我们寻求可预测性，借此在本质危险的世界中避免危险。我们最痴心的幻想是，可以通过意料之外的可预测性以及人类对生活偶然性的控制来降低风险。这可以通过仪式或工程来完成，两者都于无形中加以人类的秩序。

无论我们周围世界的结构化图像是否与外部事实相对应，对于智慧生物而言，对秩序的预测是必要的，无论这种预测是自然的还是天赐的。它使我们能够在一个荒唐的世界中工作，并为我们的行为找到意义，让我们生活在一个完全没有绝对意义的环境中。肿瘤是秩序破坏的隐喻，是对肉体和思想的攻击。如果我是蒙杜鲁库人，那我灵魂所在的地方有一个大肿瘤。和所有神经肿瘤一样，它破坏了象征的一致性和真实的运动控制系统，并在脑瘫患者的活动痉挛中表现出来。或者以我为例，我的自主运动能力和自主神经功能在缓慢而持续地衰萎，我的大脑再也无法响应和处理来自下半身的信号，我的身体不再受高级控制系统的支配。更直接地说，就是我"失序"了。我正不知不觉陷入静止的惯性中，正在进行我的熵[①]之旅。

[①] 熵（《韦氏未删版词典》）：衡量物质或系统无序程度的指标。熵总是增加，并且在诸如宇宙的封闭系统中，可用能量总是减少。——译者注

第二章

"熵"之旅

文明往往是一个极其复杂的机制和过程,尽管人们常常把文明描述成宇宙间人类最辉煌、最令人憧憬的希望所在,但实际上文明对于人类的最大功能却如一位物理学家所说的,是一种"熵",一种惯性,也就是说能够正确解读文明的不是人类学,而应该是"熵学"[①]。它才是专门研究和诠释人类这种高级形态和进程的科学术语。

——克劳德·列维-施特劳斯
《忧郁的热带》

我在医院的头两周都在接受各种检查,实验室似乎对我的血液有一种吸血鬼般的嗜好,所以至少每隔一天我就会被抽一次血。与此同时,还做了一个全身的X光检查。除了这些常规检查,我还接受了两次肌电图检查,通过向特定的神经发射电流来测量神经损伤的程度。这是通过插入一种带有特殊化学物质(特氟龙)涂层的小小电极针,再读取电导率的数据来观察反应的。因为电极针所使用的电压很低,所以对患者来说,除了针头带来的刺痛,并没什么感觉。虽然这些电极针非常细,只能穿透皮肤四分之一英寸左右,但

---

① 熵学是分析生命力和能量下降的科学。——译者注

它们的数量弥补了尺寸的不足。检查时，我的每只手都插了十几个电极针，手臂和肩膀也插了十几个。为了让整个检查的过程更加有效，负责检查的神经科医生偶尔还会摆弄电极针。我清楚地记得她在我的右手拇指上拨动电极针时对我说："你必须放松，墨菲先生。"

比肌电图检测更令人难忘的是动脉造影。这个检查要先把造影剂注入动脉中，再立即用X射线检查部分血管系统。对我来说，要检查的是脊髓。在给我注射了强效的镇静剂杜冷丁时，我就预感到这会是一个不寻常的操作过程；接着他们又把葡萄糖注射入我脚上的静脉中。然后，我的身体就被固定住了，头被绑在了桌子上，手臂向一侧伸展并固定在板子上。在内窥镜的帮助下，一根长针插进了我手臂的主动脉中。为了确保针头插入的正确位置，放射科医生在我的动脉里注入了少量的造影剂。他事先告知我，这会是一种温暖的感觉，确实如此。然而，我并没有做好被注射造影剂的充分准备，突然间感觉体温好像升高了几百度，那种灼热感就像在微波炉里被活活烤着一样。接下来医生又告诉我这种感觉不会持续太久，但对我来说，那是我生命中数过的最长的12秒。在第二次注射后，这一切才算结束了。

当我被推回房间时，我开始意识到之前的整个过程会让人联想到某些东西。那是一种被钉在十字架上的刑罚——我伸出的双臂被刺穿，双脚被绑住，静脉被穿刺。我想起了基督曾在弥撒中的悲叹："他们刺穿了我的手脚，数遍了我的骨头。"一想到我竟然是在以某种方式开始模仿基督，我感到既惊奇又烦恼。尽管多年来我认为自己已经脱离了天主教会，但这次极其危险的经历却让我回到了教中的状态。我通过用永恒的象征来寻求庇护，暂时摆脱了过往的烦恼。有那么几分钟，我甚至感觉自己与中世纪的鞭笞者和忏悔者有了亲近感，好像正跪拜在爱尔兰的朝圣教堂一样。然而，我的这种懊恼很快就被对人类学的兴趣所取代，因为就像我们最原始的研究对象一样，谁都无法逃脱过去。1960年去世的美国人类学家阿尔弗雷德·克鲁伯（Alfred Kroeber）曾经问我："墨菲，我想你已经离开教会了？""是的，"我回答道，"然而，教会并没有离开我。"与我相伴的不是天主教的外在信仰和实践，而是宗教戏剧般的实质性和内卷化。即便在我生病最严重的时候，我也从未有要求助于宗教的想法。虽然上帝在我的脑海中已经死去，但罪恶感和赎罪却仍然存在，我们无处逃遁。

　　除了做检查，我在医院的大部分时间都花在了回答问题上面。在教学医院中被医生关注的患者就像犯罪现场的目击者一样：每个接手此案的新人都要认真地听你讲故事。我曾认真地考虑过是否要把从最初的症状到最近的情况都打印出来，然后给每个实习医生和住院医生都发一份。但我知道提出好问题是他们接受培训的目标，所以我回答他们的问题也算帮了他们。当然，每次例行询诊也会做一些标准的神经系统检查项目，包括针刺、叩诊和音叉的检查。

　　住院三个星期以后，作为每周例行病情研讨会的常客，我开始觉得这个学校欠我一份暑期教学的工资。但实际上，这个过程对我自己来说也是一次受教育的经历。比如一位最近退休的临床神经科医生曾问我，他能否用我的身体和病情来给一位年轻的住院医生展示标准的检查程序。随后他花了一个小时的时间来演示整个检查过程，向学生解释了每项检查的目的，以及我每一次反应的意义，包括我的口头描述和生理病理反射。到了最后,我对自己的疾病也了解了更多,我也知道了他可以在没有CAT扫描甚至是脊髓造影的情况下就诊断出我的病情。

在所有的检查都完成后,一位神经外科医生来找我,我以为他应该会和我讨论手术过程。但相反地,他说考量过我的检查结果后,和医务人员讨论得出的结论是我做手术的前景并不乐观。我的肿瘤已经存在了很长时间,以致包裹在了脊髓的周围,所以在不对脊髓本身造成严重损害的情况下是很难将它切除的。此外,一些为脊髓提供血液的血管也穿过了肿瘤,在手术中它们不可能被切断,因为切断血液供应将会导致脊髓坏死。这是一种两难的状况,每一个手术步骤都会对脊髓造成比肿瘤本身更大的风险。因为做手术可能会立即造成灾难性的损害,而肿瘤至少是在缓慢地造成损害。

而且,我的根本问题在于肿瘤被发现时我已经52岁了。其实大部分室管膜瘤在儿童时期就有症状,如果那时的外科医生能够进行简单的椎板切除术,或打开椎管,只需简单的手术就能把肿瘤剥离。而且经过近五年的技术发展,手术更完善了,外科医生现在可以更容易地借助激光和超声波切除儿童的脊髓肿瘤。所以当一位朋友到医院探望我时,我更清楚地认识到了早期诊断的价值。当时这位朋友听到我的情况,就脱下衬衫,给我看了他在脊椎上端的手术疤痕。他说那是在30年前,在他20岁时动手术留下的,他当时曾有幸获得了一位熟悉神经病学的全科医生的诊治。如果我小时候"风湿病"的诊断是正确的,也许我现在还能走路。但话又说回来,考虑到1928年的手术水平,我也有可能早就死了。所以这只能证明在这样的事情上一味地沉浸在"过去可能会"的假设中根本就没有意义。我也曾在许多其他的场景中想过，如果已经做了或者没做过这样那样的手术，现在的情况是不是会更好，还是会更糟？答案无从知晓。但现在，我只知道我亏欠我的家人，即使不是为了我自己，而是为了他们，我也要尝试一切能够付出的努力。

我曾对手术的成功寄予了厚望，现在却彻底落空了。不过有人告诉我，我的病情也不是毫无希望。医生们建议不要做手术，而是采用钴治疗的方法，因为神经肿瘤的细胞与正常细胞的结构有很大的不同，肿瘤细胞容易受到放射性的杀伤。在回答我关于放射治疗的问题时，我的神经科医生警告说，正常细胞在这个过程中也会遭受一些损害，但不会像因肿瘤生长受到的损害那样严重——这将是一种权衡后的取舍。他小心翼翼地没有对治疗效果做出任何的承诺或预测，但尽管如此，我还是把希望寄托在了放射治疗上。

放射治疗科位于医院的地下一层，远离公众的视线。包括住院患者和门诊患者在内的大多数癌症患者，都在接受这种治疗方法。这给他们奠定了一种伤感的基调，也与医护人员的职业冷峻形成了一种鲜明的对比。无论如何，那里确实是个令人难过的地方，有一个光头的小男孩，他的脑袋上有着引导辐射的墨水线条留下的痕迹。他的母亲说："他再也不笑了。"大多数的住院患者不会再露出笑容，这使得我每天去放疗科治疗时都感到很压抑，而每次的离开都更像是一种逃离。

在这个部门的医务人员中有很多东方人，这并不令人惊讶，因为许多少数族裔都在从事这样的专业，进一步远离公众，从而远离了种族偏见。我唯一感到不安的是，我听不懂在我背上做放射标记的日本医生的英语。我想他是对的，因为不管是好是坏，我的脊椎确实需要接受从一端到另一端的放射。

钴治疗从我还在医院的时候就开始了，大约持续了七周的时间，其中有四周是我在门诊的时候。每次的例行检查都单调乏味，在每个工作日的某个固定时间，都会有一辆"运输车"带着轮椅来到我的病房，推着我穿过走廊去放疗科，等我做完了治疗，另一个人就会把我再推回去。检查时，叫到我名字的时候，我会进入其中一个房间，脸朝下躺在担架上，随后担架会被放置在机器下面。技术人员会回到他的控制面板前，从那里他可以从闭路电视上监控我，他会叫我保持身体不动，然后激活设备。接着设备会发出大约90秒的"嗡嗡"声，然后我就可以准备回房间了。除了这样的"出游"之外，我在医院里基本无事可做，大部分时间都消磨在阅读神秘小说、与来访者交谈和看电视上，我还是没太想明白为什么在医院的头三个星期要做放射治疗。我试图进行一些比较严肃的阅读，或者至少是看看博士论文，但是来访者、护士、餐盘等太多的东西让我根本无法集中精力。此外，我已经完全陷入了患者的角色中。

在医院的工作日过得很轻松，但到了周末则是一片空白。大多数治疗师和技术人员的工作时间是周一到周五，所有的主治医生也都会在周末休息。他们把医院留给住院医生进行医疗监护，这些人就成了医院的夜间看护者。非卧床患者在周末如果没有理由待在医院里，可以获得回家的"通行证"，就像军人一样。事实上，我每周日晚上回到医院的时候，也会感到同样的再次被监禁和抑郁的感觉。我曾经觉得自己就像在19岁的时候，每周日晚上要回到海军基地去。医院再次表现出一种惊人的能力，能够让它的"犯人"回到青少年时的"身份",并重新唤醒他们过去那些曾被遗忘但并未完全逝去的回忆。

钴射线治疗的目标是我的脊柱,当然,它会在消化道里从喉咙一直照射到肠道。随着治疗过程的推进,我感觉所有的食物都开始有一种糟糕的味道,食欲也开始下降。我强迫自己继续进食而不去想恶心的事情,因为我知道如果停止进食,我的病情就会变得更加严重。放疗让我感到疲惫和无精打采,医院和它的食物也开始给我留下了严重的阴影。从1976年5月初到6月底,我住院六周之后终于转为门诊治疗了,这让我喜出望外。因为之前即使是每天放疗的"出游"也并不能缓解我的紧绷感。然而,放疗的后遗症一直持续到治疗结束后的几周,直到8月中旬,我的生活才恢复到接近正常的水平。

在放疗开始的前几周里,有那么几天我感觉好多了,这让我相信这种疗法是有帮助的。但随着时间的流逝,这些充满希望的迹象渐渐消失,到放疗结束时,我的情况已经比以前更糟了。9月,当我回到学校教书的时候,左腿已经虚弱得厉害,只能一瘸一拐地走路。为了保持稳定,我开始使用拐杖,而且随着时间的推移,我越来越依赖它。10月的一天,我把车停在一家商店的街对面,打算在那里买东西,然而我发现自己已经走不了哪怕那么短的路了,我的病已经到了危急的关头了。

由于肿瘤生长的特殊性,我身体的左半边一直比右半边虚弱。到了1976年秋天,我的左手和手臂开始变得更加无力,幸运的是我是个右撇子。但疾病带来的其他症状在数量和程度上都增加了。那时的肌肉僵硬和无力已经影响到了我的大部分身体,我第一次意识

第二章 "熵"之旅

到胸肌的衰弱已经影响了我的呼吸,长时间的谈话会让我疲惫不堪,我在讲课时不得不付出更多的努力。尽管身体有问题,但我仍然保持着正常的教学进度。我开车去上班,然后把车停在哥伦比亚大学教学楼旁边的车库里。那时我的身体有很多毛病,但还没有到完全残疾的地步。

1976年10月中旬,我去神经科医生那里做了检查,他对我病情的恶化感到很不安。他告诉我,不管有什么危险,都到了必须要做手术的时候了。放疗的确杀死了部分肿瘤,但并非全部,而且还产生了副作用。辐射很显然引起了肿瘤的肿胀,增加了脊髓的压力。更糟糕的是,引起了水肿,这需要立即采取措施来减少脊髓的压力。他告诉我必须尽快住院,于是,我安排同事为我剩下的六周课程代课,并在10月底重返神经病学研究所。虽然我是在紧急情况下入院的,但不得不等上两周才能排上手术时间表。在这段时间里我无事可做,除了想知道为什么不能待在家里和学校。但医院不允许这样做,所以我只好待着,心里还有点不太舒服。我表面上还是很乐观的,有点希望这次手术能达到放疗没达到的效果;我还在想也许我会及时出院,并完成这学期最后的一两个星期的课程。但最后这两个美好的愿望都没能实现。

在医院住了十天之后,终于得知自己几天后就可以做手术了。手术前的一天,外科医生和麻醉师带着手术知情书来到我的房间,我接受了通常的术前准备工作。第二天早上6点半,我被送到手术室,注射了适当的麻醉剂。这个常规程序对于任何做过手术的人来说都很熟悉,无须赘述。但在被告知深呼吸之后,我的下一个记忆居然是在手术室里的短暂苏醒。第二天早上,我在重症监护室里完全恢复了意识。尤兰达在那儿等着我醒来，但仅仅几分钟后我就又睡着了。那天晚些时候，我被推着送回到五楼的病房内，在那里我要度过接下来五个星期的休养，那是1976年那个学期结束很久之后了。

手术后的头四天，我的情绪非常兴奋，就好像又活过来了——我重生了。我能够把我的左脚从床上抬起几英寸，甚至可以在护士的搀扶下，穿过走廊到卫生间里。我的左腿还很无力，但我能够把它从地板上抬起来，挪到右腿前面，而不再只是拖拉着。我想，在手术后几天就能做这些事情，那么几周后我能做的事就没有什么限制了。

当时我在术后的狂喜程度已经超出了单纯的乐观情绪。好像围绕我情绪建立的防御的外壳融化了，那是一堵由幽默、酸涩和玩世不恭构成的墙，它在情绪的涌动之前倒下了，这完全背离了我一贯的心态。我似乎能够伸手去触碰，几乎可以拥抱我周围的每个人，我爱的人，所有的人！也有人评论说这可能是我个人的错觉，但事实并不是这样。现在很难回忆起那种感觉，但似乎我自己曾经与他人界线分明的边缘已经变得漏洞百出，非常模糊了。人们可以更轻易地触碰到我，反过来，他们也更容易因为我而受伤。我没有在自己周围设置硬性边界，内心充满了一种平和的充实感，几乎是一种快乐的感觉。这一切都很奇怪。

很明显，当时的我好像正在经历一种宗教体验，就好像把罪人送到祭坛上一样，他们脸上还布满泪痕，大声宣告他们找到了耶稣，并献出了自己的生命一样。实际上我的家庭并不是一个虔诚的宗教家庭，我是被作为民主党人和天主教徒养大的，我最接近这种感觉的时候是在童年，尤其是在去忏悔之后。但我也记得，在1968年哥伦比亚大学学生罢课期间，我也曾有过类似的经历，尽管当时是个小插曲。当时也有人提到他们的情绪与1969年伍德斯托克音乐节上"发生"过的经历相同。奇怪的是，正是在对1968年春天发生的事情的回忆中，我对自己术后的狂喜有了一种理解。

学生的罢课事件发生在18年前，当时它被媒体完全误解为一场反战抗议，并通过晚间新闻的夸张报道来推动和延长罢课。如今，经历过这一过程的人对它的记忆都很模糊，对于即将攻读MBA学位的新一代学生来说，这是一段古老的历史。毫无疑问，越南战争加剧了1968年美国的骚乱，但更重要的是应该记住在同一年，警方在墨西哥城杀害了多名学生示威者，法国的学生罢课和工人罢工也使巴黎部分地区陷入瘫痪，对于那些认为是红色势力在起作用的保守派人士来说，那些让他们记忆犹新。至于那些将抗议活动视为对资本主义压迫的回应的左翼人士来说，重要的是要反映出这也是苏联坦克进入捷克斯洛伐克，碾碎布拉格之春的一年。

如果越南战争不是20世纪60年代不满情绪产生的根源，那么什么才是呢？我怀疑在所有这些运动中，共同点是它们都在反抗日益咄咄逼人、难以理解的官僚主义的扩散。在我们的现代社会中，这种官僚体制已经笼罩了商业、教育以及政府部门，使权威的世界变得不透明、遥远和难以理解。它强加的结构和秩序是非个性化和有害的。而且，它无视大多数人头脑中对社会的简单概念。更糟糕的是，官僚体制的结构是理性的。在实际运作中，这种系统化的组织往往像《爱丽丝梦游仙境》中的红皇后一样反复无常、专断和不负责任。因此，1964年伯克利言论自由运动（后来的示威活动的先驱）

中，学生们表达了对"超级大学"的反对。"超级大学"是加州大学的校长克拉克·科尔（Clark Kerr）所追求的规模大、现代化、多服务的大学，这也是个不幸的阶段。一些学生认为他们被当作"东西"看待，他们的存在和求学只是沦为在卡片上打孔的地步。他们发现他们的反抗行为可以阻止官僚主义的蔓延，而且无论多么短暂，这种反抗可以带来一段反秩序的时期。

这确实是1968年在哥伦比亚大学发生的事情。学生的罢课与其说是反战抗议，不如说是对新兴的后工业秩序的首次冲击，它是社会路德派①对无情未来的攻击，对一个像蚁丘一样没有人情味、缺乏人性的社会的攻击。罢课迫使正式的大学结构解体，学生和教师的小社会进入了人类学家维克多·特纳称为阈限②的社区模式中。在这个社区里，规范社会话语的正式规则被搁置，人们之间的联系变得情感化和分散化——在术语背后，这意味着他们不再躲在严格和无情的行为规则后面，而是作为一个完整和有爱心的人而相遇。这种良好的社会关系吸引了哥伦比亚大学的教职员工（第一次也是唯一一次）成为一个真正意义上的社区，学生和他们的教授之间产生了前所未有的团结，至少在我们系里是这样。然而，在其他地方并不是这样，1968年的动乱导致了深刻的社会敌对和分裂。但正是这种直接和亲近他人的感觉，人与人之间物理和象征意义上隔阂的

---

① 路德派是新教主要宗派之一，也是最早的新教教派，以马丁·路德（1483—1546）宗教思想为依据。路德派在教义上主要强调因信称义，认为人要得到上帝的拯救，不在于遵守教会的规条，而在于对上帝的信心；不在于个人的功德或善行，而在于上帝给人的恩赐。——译者注

② Victor Turner, *The Ritual Process: Structure and Anti-Structure* (Ithaca, N.Y.: Cornell University Press, 1969).

消失，让哥伦比亚大学校园在1968年具备了伍德斯托克之前的特质。尽管有警方的突袭，有误入歧途而决不妥协的管理者，还有无休止的、糟糕的学生演讲，但正是这些特质让这一年变得令人格外难忘。在我手术后，这种与他人的一体性和内在的整体性令我格外回味无穷。

用特纳的话来说，阈限是仪式过程中的一个阶段，是一种宗教现象，但在此期间并没有纯粹的"宗教"态度或行为。相反，我们所谓的宗教是一些普通人含有某种象征意义的集体行为和情感。另外，在阈限中所体现的一系列态度和情感预示了一种否定，即我在上一章讨论过的关于秩序的疯狂：有必要暂时终止现在我们自然接受的这些秩序，从而进入一种逆转的状态，一种情绪的反秩序模式中，不受权威和约定的束缚，这给人一种振奋人心的感觉。

所有的社会制度在某种程度上都是压制性的，但在大多数社会中都存在着中止规则和改变身份的机制。这种改变可以通过宗教仪式来实现，也可以通过酒精和毒品来实现。或者，它也可以发生在人们从困难时期恢复到正常生活状态的过程中，就像人们从严重的疾病或创伤中恢复过来一样。我和其他无数人一样，在手术后的恢复过程中感受到的自我更新，是心理和社会过程中一个极其正常的方面。我重生了，重新回到了这个世界上。我的抑郁因疾病的治愈而消解了，我的身心再次变得完整了。这是一种强烈的幻觉，是一种对抗的逃避和转变，从而让真实的世界变得可以忍受。然而，真实的世界是我们工作和繁衍的地方，也是我们必须永远回归的地方。实际上，在仅仅五天后，我就经历了严重的病情复发问题，从自己的手术引起的阈限状态回到了"真实"的世界。

尽管我在手术后情绪高涨，一直保持着乐观，但手术的效果却很有限。为减轻脊髓上半部分的压力，从而保护我的手和呼吸，外科医生在我脊椎的上半部分做了椎板切除术，留下了肿瘤的下半部分，为未来可能的手术做准备。随后，他切除了一些坏死的肿瘤，但无法切除全部或者大部分的肿瘤。但手术最重要的是扩大了椎管本身，缓解了脊髓的压力，却也给肿瘤的生长提供了空间。手术一结束，我就感到如释重负，尽管这种喘息是短暂的。

手术后的第五天，我带着深深的疲劳感醒来。我的第一印象是胸部周围肌肉的力量减弱了，这影响了我的呼吸和发声的力量。我不能再像前一天那样把左脚抬得那么高了，我乐观的情绪开始变成了沮丧。我的私人护士立即给外科医生和神经科医生打了电话，当他们来给我做检查的时候，从他们的面部表情我证实手术是失败了。我的医生一直没有解释到底发生了什么，尽管还有人认为这肯定是我自己不小心的原因导致的。极有可能是术后水肿，即便这种水肿是暂时的，也会给脊髓造成新的压力。因为仅需要几分钟的压力就能摧毁神经细胞，从而造成不可逆转的损伤。我想我可能永远无法恢复到像前四天那样的巅峰状态了。

可以说，手术的直接后果是让我的情况变得更糟了。尽管长期的评估表明椎管的扩张确实会在未来一段时间内让我免受肿瘤生长的影响，但我胳膊和腿的状况已经恶化了，即使有拐杖支撑着，我也不能再走路了。我现在除了能用助行器进行短距离的行走外，其他的活动仅限于轮椅上。这似乎算不了太大的挫折，因为手术后的这个状态才几个月的时间。当时腿和躯干上的痉挛也变得更加剧烈，手和胳膊也变得非常敏感，尤其是左侧很容易感到刺痛，这是我第一次体验到了真正的残疾状态。

　　为了解释我的病因，让我们来简要回顾一下大脑的皮质结构。大脑控制着从脊髓底部到以上的区域。正如我所指出的，我的肿瘤从第二颈椎（C2）延伸到第八胸椎（T8），或者说是从颈部顶端延伸到胸部中部。因此，位于脊柱底部附近的4个骶椎骨的脊髓损伤（任何损伤，无论是疾病还是意外造成的），都有可能导致肠道功能障碍和膀胱括约肌损伤。这可能导致尿失禁，或更常见的是无法排泄身体废物，需要使用泻药并插入膀胱导管。在膀胱括约肌完全失效的情况下，可能需要每天导尿两到三次，尽管会有导致膀胱感染的风险。另一种选择是，可以切除括约肌，让膀胱不断排尿。做过括约肌切开术的男性可以在阴茎上套上一层类似避孕套的护套，用一根软管连接到一个绑在腿上的塑料袋中。由于明显的生理构造原因，女性无法这样操作，所以她们往往只能遭受持续潮湿的困扰。

　　而在骶椎以上，第五腰椎水平的病变会影响腿部，使人变得虚弱或造成瘫痪，这就需要手杖、拐杖甚至轮椅。随后发生的瘫痪程度取决于脊椎损伤的严重程度和方式。接下来再向上是第12胸椎（T12），从第六胸椎（T6）到第12胸椎（T12）的病变会导致腹肌无力，以及对腰部以下的触摸越来越迟钝。这种病变也影响下半身的所有功能，因为骶骨和腰椎区域的大脑控制被切断了。因此，胸椎或颈部病变通常会影响肠道和膀胱功能，并导致截瘫发生。而第二胸椎（T2）至第五胸椎（T5）间的损伤会使胸部和躯干肌肉无力，并可能显著降低肺活量。然而，患者能充分使用胳膊和手的功能，就算坐在轮椅上，仍有相当大的灵活性和独立生活的可能。

颈椎脊髓的损伤会导致四肢瘫痪，其严重程度取决于损伤的类型和程度。第六颈椎（C6）、第七颈椎（C7）到第一胸椎（T1）脊髓的损伤会使手和手指变得无力和僵硬，常常需要夹板来防止手指向内弯曲。而第五颈椎（C5）到第七颈椎（C7）脊髓的病变不仅会影响手的功能，还会影响到上肢功能，这可能会妨碍患者从轮椅上独立移动到床上或去厕所，因此需要家人或护工的帮助。最后，第四颈椎（C4）脊髓的病变会削弱膈肌，导致说话困难；而第三颈椎（C3）的脊髓损伤可能会影响呼吸，因此需要使用呼吸器。这只是对脊髓损伤影响身体功能的一个粗略描述。我会在接下来的叙述中增加其他相关细节。

我在本书的前文中曾提到过，每个病例都不一样，我自己的情况就并不完全符合上述症状。我的脊髓虽然受到了挤压，但神经的感觉并没有完全被切断。1976年时，肿瘤只是轻微压迫脊髓上部，并完全没有压迫到整个神经。即使那时候肿瘤已经扩展到了第二颈椎，我的呼吸也仍然很顺畅，说明在那个水平没有受到严重的压迫。我也保留了很好的肠道和膀胱功能，尽管不得不做了几次膀胱导管排尿。我是残疾了，但还可以站着走一点距离，我的胳膊和手，特别是右手仍然灵活有力。事实上，我还保留了很多能力，因此我被认为是可以接受物理治疗的理想人选。

经过一周的术后休养，我开始了康复训练。具有讽刺意味的是，这里的神经外科和临床神经病学是久负盛名的医学专业之一，而理疗和康复医学则是这里最差的。据推测，由于大多数神经系统疾病患者预后不佳，使康复医学成了不被人们看好的医学领域之一。这个看法似乎得到了几位医科学生和实习生的证实，他们告诉我这个领域太令人沮丧了,无法吸引他们加入。他们想治愈患者,但神经学领域中完全治愈的案例并不多见。这种态度同样存在于神经病学和神经外科学领域。有位杰出的神经学家奥利弗·萨克斯都说,神经学家只能检查和诊断:"这本质上是一门被动的科学。"①事实上,康复医学在神经系统患者的功能恢复方面已经取得了不错的成绩,超出了这些初级保健人员的预测和期望。有些中风患者能从完全动不了的状态恢复到正常,有些脊髓损伤的患者也从无助状态恢复到可以独立生活。但是在康复治疗中没有什么神奇的治疗方法。就算一个患者好转了,那也一定是他一点点逐渐好转的,恢复速度慢得每天都难以察觉。所以,康复医学并没有什么神奇的药剂——只有艰难而痛苦的康复训练。

  神经病学研究所设有一个小型的物理治疗中心,由一个拥有16张床位的康复楼层和一个"训练房"组成。在离地面约20英寸的平台上有一些大型的皮革垫子,每个垫子上可以同时训练两个患者。还有一些练举重的器械,以及患者练习行走时用作扶手的双杠和一台腿部锻炼机,以及其他各种各样的装置。隔壁的房间里有专业的治疗组,这里的物理治疗师和专业康复训练师都是国家许可的专业人员,但他们治疗的身体部位不同。物理治疗师的关注点是腿部、躯干和手臂主要肌肉的康复,而专业康复训练师则专注于手部的康复。治疗室里有几张桌子,还有一个架子,上面摆满了患者训练所需的小装置、工具和用品。我每个工作日都要接受专业治疗和理疗,但我并没有住在那个楼层。我住的是一个有张单人床的小型半私密

---

① Oliver Sacks, *A Leg to Stand On* (New York: Sumnit Books, 1984), p.211.

的房间，位于另一楼层，所以我的护士每次都不得不推着我的轮椅过来。本来我住的楼层比康复楼层更冷清，但我后来发现这更有利于康复。

我的第一次理疗持续了大约20分钟。当时我坐在轮椅上，有人带我到一个皮革垫子前，告知我要靠自己从椅子挪动到垫子上。可是即使把轮椅的扶手移开，轮椅和垫子之间也有着大约6英寸的距离，这对我而言就如大峡谷一般，我根本不敢跨越它。物理治疗师告诉我把右手放在垫子上，左手放在轮椅的座位上，然后向下滑，再抬起身体，把重心向右移动，就可以使我的臀部能够移动到垫子上。我尝试了几次，但我觉得左臂不能够承受我身体的重量，无法支撑我移动到垫子上。每次面对这6英寸宽的"深渊"做出关键动作的时候，我的神经就会出现问题。最后物理治疗师意识到我真的做不到，于是他帮我移动到了垫子上，说我们明天可以再试一次。

当我平躺在垫子上的时候，康复训练师抓住我的一条腿和膝盖，把我的大腿推到我的躯干上，然后让我往后蹬，直到我的腿再次伸展。他对我的每一次后蹬都施加了反作用力，我只蹬了五下，就不得不休息了。然后我们在另一条腿上又训练了几分钟，最后精疲力竭，就好像刚刚跑完一英里一样。康复训练师还准备继续训练，可我已经不行了。我们没有尝试从垫子转移到椅子上，我借助步行器站起来，然后慢慢地坐回到轮椅上。在通往恢复的道路上，我所面临的漫长而艰难的经历让我身心都非常疲惫。就这样，半小时后我回到了病床上。

随着时间的推移，我的治疗时间延长了。我能够更频繁地从轮椅转移到垫子上，尽管有时自信心还是会受挫。在开始训练手臂时，我要顶着康复训练师的反推力举起手腕的重量来锻炼，还要来回摇晃身体，对手和膝盖进行痛苦的锻炼。现在腿部的训练时间也变得更长，且不那么令人疲惫了。尽管后推练习比以前难度加大了，但似乎康复训练师一直以来都不太满意我的表现。他在病房里督促、哄骗、唠叨，直到我放弃并停下来。但我很快就发现，这只是标准的治疗程序，是康复训练师、患者和观众所玩的一个游戏。比如有一天，一名年轻的下身麻痹的女士被扶起来，康复训练师给了她一个助行器，告诉她要走路。走了大约5步后，她告诉身后的康复训练师自己累了，想停下来休息。但康复训练师告诉她放弃得太早了，要求她继续走。其他康复训练师和他们的患者也附和着说她能够做到，还在她挣扎着前行的时候组成了一个啦啦队。但她很快又停了下来，这次她请求回到轮椅上，而康复训练师坚决表示她要坚持下去。最后，在她失声痛哭，表现出崩溃的迹象后，有人把轮椅搬到她身后，她倒在了轮椅上。治疗室里的每个人都为她鼓掌，她擦去了眼泪，露出了胜利的微笑。

就这样，康复患者很快就进入了一种比赛的精神状态中，他们知道今天的痛苦经历可能会成为明天所获得的成就。有些人甚至认为这是挑战医生的一种方式，因为医生总是倾向于相当保守的预测。有几个人在两根拐杖的帮助下一瘸一拐地走着，他们带着明显得意的神情告诉我，他们的医生曾说他们再也不能走路了。还有一些人自豪地挥动他们的胳膊和手，以反驳神经科医生对于他们颈部以下部位会完全瘫痪的预测。当然，医生们对这样的"错误"预测感到非常高兴，因为他们的悲观预测往往是经过精心计算的，以防止患者过度乐观或是极度失望。但这也有一些危险，医生的预测有时候也会诱发绝望情绪，而康复训练师的规劝就是为了对抗患者难以抑制的顽固的放弃的冲动。

康复治疗与其他医学分支的不同之处在于，患者在自己的治疗过程中有一定的参与度，他们是主动的，而不是被动的，他必须不断地努力超越自己。在一定程度上，患者要对自己的康复效果负责，这有很多积极的方面。然而，让患者自己负责的情况也有消极的方面，比如假定他努力了就可以带来病情的改善，那任何没有改善的情况就可能会被视为是他没有尽力而为，他自作自受。这种苛责的负担往往会增加家人和朋友之间挥之不去的猜疑，即在某种程度上患者应该对他的病情负责，而患者也常常因为自己的困境而感到内疚。这似乎不符合逻辑，但却是很常见的由残疾带来的副作用。就是因为这样，患者周围的人就可以摆脱目睹患者遭受痛苦的不安，而医疗机构也可以免除自己对治疗失败的责任。当然，这种替罪羊绝不仅限于残障人士自己。比如"是他给他自己带来了疾病"是一种葬礼上由来已久的伤感语调（伴随着"我从来没有说过死者的坏话，但是……"的说辞），这里传递的信息是，如果你避免做死者所做的事情（比如慢跑或者不跑，这视情况而定），那么你至少能多活一段时间。这是一种让人们确信同样的不幸命运不会降临到他们身上的心理——给自己壮胆，虚张声势。

这种*指责受害者*的方式也是威廉·瑞安在1972年写的一篇尖锐的社会学论战文章的标题。[①]瑞安记录了美国穷人因自己遭受的苦难而受到指责的方式。某些人类学家和社会学家写过一种自我延续的

---

① William Ryan, *Blaming the Victim* (New York: Vintage Books, 1972).

"贫困文化",为以下观点提供了学术理论上的支持:接受社会公共援助的人要为自己的苦难负责,而且他们无法获得帮助。这种态度保护了美国人的理念,即决心和努力就会带来成功。与此相反,那些没有成功的人只是没有尝试,他们应该为自己的问题买单,而不是富人或经济体系的问题。因此,我们被引导着去相信,美国黑人中普遍存在的女性主导的家庭是导致年轻男子失业率和犯罪率居高不下的原因。实际上,这种因果关系应该颠倒过来:1960年以来的技术变革导致非熟练和半熟练工作岗位的急剧减少,加上偏见和糟糕的教育使黑人无法进入熟练的技术领域。这不是懒惰,而是经济上的种族灭绝。

穷人和残障人士成为替罪羊的相似之处是显而易见的。奇怪的是,这种相似性也延伸到了教育领域中。"领先计划"的右翼人士批评者长期以来一直认为,考虑到黑人家庭的社会问题,这样的项目收效甚微。与此相呼应的是,一位联邦政府任命的官员在1985年声称,对残疾儿童的主流教育是"不道德的",因为它挪用了原本普通学生可以更好利用的稀缺资源。按照这种奇怪的逻辑,她接着说,残疾人的生活环境适合他们的内在本性。简而言之,他们活该!我们从来没有弄清楚这到底是宿命还是因果报应,总之,她最后被愤怒的国会赶下了台。

如果一个人产生向冷漠和残疾屈服的冲动,除了内疚和悲观的预测外,还应该有其他原因。实际上大多数康复患者在一定程度上都是抑郁的。这些通常是非临床的疾病,没有神经症状。对于康复中的一般神经疾病患者来说,有充分的理由感到沮丧,就像每个人都能理解这个经常和我共用一张垫子的21岁年轻人,他深度抑郁,也不会开口谈论自己的病情。他之前是个非常健康的年轻人，在电话公司有一份很不错的接线员工作。有一天晚上，他和朋友下班后去了纽约市的一家酒吧，正在他们悠闲地喝着啤酒时，突然一名枪手闯进来说要抢劫。他和两个朋友一动不动地坐着，但酒吧里还是有人企图制止抢劫，然后抢劫犯疯狂地开了一枪。就在那一秒，这个小伙子的脊髓就被子弹划伤了。于是，在没有任何预兆或理由的情况下，他从一个快乐的青年变成了终身残疾。我希望他从那时起，能在生活中找到一些快乐，因为之前他肯定没有预见到这个结果。实际上他没有精神疾病，恰恰相反，只有在发疯了的时候他才会感到幸福。

对脊髓突然受到创伤性损伤的人来说，要度过一段时间的"哀悼期"（悲痛期）是相当普遍的。[1] 这一阶段是由深深的丧失感所造成的，并伴随着抑郁症的发作。但无论多么痛苦，大多数人在摆脱了几周或几个月的抑郁后，还是能够重新开始适应新的环境。我自己的抑郁状况来得很慢，以至我从来没有经历过那段悲痛时期；同样地，那些多发性硬化症患者的病情也有一个逐渐发作的过程，这样似乎免除了他们的悲痛期，尽管他们最初也很不适应诊断的结果。另一方面，康复中心的许多患者都有过中风的经历，中风不仅是突然的，而且会导致一种独特的心理状态，主要表现是抑郁。残疾患者也有可以理解的抑郁原因，但是比其他患者的抑郁程度要浅得多，

---

[1] See Sigmund Freud, "Mourning and Melancholia," *The Complete Psychological Works of Sigmund Freud*, edited by J. Strachey (London: Hogarth Press, 1957). See also Jerome Siller, "Psychological Situation of the Disabled with Spinal Cord Injuries," *Rehabilitation Literature*, 1969.

而且持续的时间更长,有时甚至是一生。即使看不到面部一侧肌肉松弛的迹象,他们的抑郁也很容易被识别出来,因为他们经常坐在轮椅上,愁眉苦脸,茫然地望着远方,一片虚无的感觉。在康复治疗中,他们是最棘手的患者,康复训练师们常常不得不大喊大叫,才能让他们从明显弥漫着恐惧感的氛围中走出来。更复杂的是,中风患者比其他神经疾病的患者更容易否认自己的疾病。[1]从不愿意谈论这件事,到不接受所发生的事情,甚至彻底否认自己的病情,他们情绪表达的强度各不相同。一些中风患者甚至声称自己很正常,有能力站立和行走,只是他们不想而已。不用说,这些都是康复治疗中最糟糕的情况。但是,无论疾病的发展程度如何,无论患者否认的程度如何,康复训练师都必须打破患者的心理障碍来接触他们,争取他们的合作,并在漫长而乏味的过程中重建他们的身体和信心。

与中风和外伤患者不同的是,尽管我也经历了挫折,但我的情绪要更积极乐观一点。我在治疗中取得了明显的进展,我可以用助行器从房间走到大约50英尺远的护士站。我在专业康复方面也做得很好,尽管我觉得有些练习很可笑。而我们家的访客仍然在为我"专业康复"(O.T.)所制作的门垫上蹭脚。尤兰达是唯一知道门垫用处的人,这是我为保密而采取的谨慎措施,以保证自己作为残疾人不受歧视。但这本书的出版是我隐私的终结,这也是为什么这本

---

[1] See E. A. Weinstein and R. L. Kahn, "The Syndrome of Anosognosis," *Archives of Neurology and Psychiatry*, 1950. See also Morton Nathanson, Philip S. Bergman, and Gustave G. Gordon, "Denial of Illness; Its Occurrent in One Hundred Consecutive Cases of Hemiplegia," *Archives of Neurology and Psychiatry*, 1952.

书写得如此困难的原因之一。

　　神经外科手术与其他外科手术不同，接受过心脏手术的人通常会在两到三周内出院。我认识的一个人甚至在接受心脏移植手术一个月后就回家了，而我在手术后过了六个星期才能回家。如果不是圣诞节临近的话，我可能要在医院住更长的时间。这还算是短暂的停留，因为有些损伤更严重的人可能会在全国各地的康复中心待上六个月，甚至一年，在那里他们重建身体能力并学习日常活动。这是一个恢复体力和基本生活技能的时期。根据残疾的类型和严重程度，患者要学习如何上厕所，如何穿衣、刮胡子、刷牙，如何上床，还有完成生活中的各种小杂务，尽量减少对他人的依赖。这些活动都是我们大多数人——或者我应该说，是你们大多数人——不假思索、下意识就可以完成的事情。但对下肢瘫痪的人来说，每一项任务都是巨大的挑战；对四肢瘫痪的人来说这几乎是"不可能"的事情。在接下来的章节里，我将对这个问题有更详细的论述，因为随着肿瘤的生长和肌肉的萎缩，我才感受到残疾给我带来的全部影响。

　　除了术后进行物理治疗的需要外，任何手术对大脑中央皮质影响都很大，所有的手术对身体而言都是一种伤害。神经外科手术会影响身体的协调，而且麻醉会加重这种伤害。康复的过程也是缓慢而痛苦的，我经常感到深深的疲劳，有被虐待的感觉——手术后的结果是，在麻醉状态下昏迷六个小时，以及每天去治疗室。访客和阅读占用了我大部分的空闲时间，但我也会花几个小时躺在床上，把思绪转向内心，思考发生在我身上的事情。就在那时，我第一次思考了我的蜕变是否有任何的意义，这也是这本书的来源。

　　随着离开医院时间的临近，我的心情变得很复杂。当然，我很高兴能够回家，但我将以一个不一样的身体回到我所熟悉的环境中。这个新的身体能在旧的环境中生存吗？我能适应吗？尤兰达呢，我会不会是她的一个沉重负担呢？她能应付吗？在我的康复过程中，根本没有任何东西能让我为即将面临的心理和社会的挑战做好准备，这是这个国家大多数康复项目中的一个重大缺陷。而且，我的身体康复训练也没有为应对未来的情况做好准备，因为在当时，我还保留了上下肢的大部分功能。我不知道万一情况进一步恶化的话，我该如何面对，我希望不会出现这种状况。但在四年后，这个不切实际的愿望给我带来了相当大的麻烦。

康复治疗的效果可能是短暂的，但对我当时的神经状况来说已经足够了。虽然看起来我可以轻松地回家了，但我知道我们舒适的老房子将会成为我的障碍。首先，得有人把我抬上台阶，再抬进屋里去。正是带着这样的想法，我在1976年的12月22日，也就是圣诞节的前三天，离开了医院，回到家中。

第三章

回 归

信心，或信念，是一个人的荣耀之光、胜利的法宝和不朽的支柱，也是一个人生命的指南。

——托马斯·沃尔夫[①]
《人之本质》[②]

直到我回到现实世界，回到熟悉的环境，接触熟悉的事物和人之后，我才真正意识到自身残疾的境况。医院是另一个世界，患者住在这里，其中许多人的病情比我严重，居住在这里的还有他们的护工。这是一个陌生人世界，在这里，我们的重要他人[③]（significant others）——一个有点难懂（jargony）但也贴切的术语，用来描述那些在医院里与我们最亲近的人，这些人的期望极大地影响了我们的行为——从家人、朋友和同事微妙地变成了医生、护士及助手。那

[①] 《纽约时报》曾评价沃尔夫"能在看似普通的事情和平凡的人物中发掘出人类生存的价值和诗意"。沃尔夫在这里表达的思想十分接近墨菲教授的观点："瘫痪研究为观察个体与社会抗争提供了一个绝好的场所。（因为）残障失能正是人性被尽减到赤裸本质的象征。"——译者注
[②] Thomas Wolfe, "This is Man".
[③] "重要他人"是心理学和社会学都关注的概念，指在个体社会化以及心理人格形成的过程中具有重要影响的具体人物。——译者注

些长期住院患者的探访者经常会发现，这些患者对外界漠不关心，他们更喜欢谈论房间里的其他患者、医生及所在病区发生的事情。探访者和患者均发现他们互相不感兴趣，他们分别谈论不同的主题，身处两个话语世界。尽管类似的状况在很多情境下都会发生，但当它发生在有着共同经历的人们之间时，就会扰乱他们已经建立的关系，并让这次探访变得艰难。而隔阂的暗流会开始涌动，导致分裂性的病态角色产生。拜访往往就会变成一种次要的仪式，仅仅是作用于疏离和维持和睦的痛苦尝试。

在社会系统之外，医院呈现出一个人为的物理环境，由我的床、轮椅和理疗室组成。在这种极简的环境中，没有既定的程序或者行动上的障碍，需要完成的任务也很少。我每天早上去理疗，坚持锻炼，然后回房间借助助行器练习走路、睡觉、起床、吃东西。我给自己刮脸，但大多数早晨都是坐在一张特制的轮椅上然后被护士推到浴室去洗澡，以上这些活动的要求都不高。医院就像一个结合了物理技术和社会制度编织成的茧，在这里，康复是最直接的目的，用来帮助我恢复那些还没有完全丧失掉的最基本的生理功能。但我对重返医院外的世界毫无准备，我来医院之前人们只知道我是一瘸一拐的。

1976年12月22日，我出院了。那天天气非常寒冷，经历了两个月闭塞闷热的医院生活，我感到风似乎穿透了我的衣服。我的儿子鲍勃已经把车停在了医院门口，我的轮椅就停在副驾驶座旁边。那一刻我面临着在医院外的世界的第一个挑战：如何上车。我抓住开着的门，把自己拉到一个可以站立的位置，然后身体向右转四分之一圈，重重地坐在了座位上。然后先用手把左腿拖进车里，再靠右腿的力量进到车里。但在这个过程中，我的身体会失衡，并向左倾，接下来每次转弯的时候都会发生这种情况。但我很快就学会了通过抓住扶手和依靠中控台的支撑作用来弥补躯干肌肉力量的不足。之后我突然想到，如果说我必须重新学习如何成为乘客，那么，我又将如何重新学习驾驶呢？

我们在新泽西州利奥尼亚的家，离哥伦比亚长老会医学中心只有几英里，离乔治·华盛顿大桥也不远。可以说，从地理位置上来说，这是一次短途旅行，但从文化来说，这又是一次长途旅行，因为尤兰达和我都是纽约人。起初我们想在哥伦比亚大学附近的莫宁赛德高地（Morningside Heights）租一套公寓，但直到1963年我们搬到东部，哥伦比亚大学的住房办公室一直都没有受理我的申请。所以我们放弃了，搬去了郊区。这里至少离新泽西挺近，离医院也不到十分钟的车程。鲍勃把车停在车道上，我按上车时的相反程序下了车。我们的邻居出来迎接我，他和鲍勃一起把我和轮椅抬过前门的七个台阶。这让我意识到必须找到更好的出入方式，否则，这座房子就会变成我的监狱。

生态科学告诉我们，我们的物理环境不是静止不变的实体，而是人与物之间的一系列动态变化的集合体。每一处建筑，从人行道到地铁的每一条公共通道，都是为有正常行走能力的人而设计的。我们的房子没有任何变化，我们也没有为了我身体新出现的缺陷去改造它。但由于这次我的身体发生了根本性的变化，彻底改变了房子和家里的生态环境。我家是一幢两层半的旧房子，在我住院之前，鲍勃住在顶楼，二楼有三间卧室，我们的女儿帕米拉住一间，尤兰达和我住一间，第三间则被用作书房。二楼还有两间浴室，家里仅有的浴缸和淋浴都在那里。但所有这些设施都在楼上，而楼梯顶端对我来说突然变得遥不可及。

一楼有厨房、餐厅和客厅，还有一间朝南、四开窗的房间，这是北方人熟知的"阳光房"。这间房以前是电视房和客房，用电视墙巧妙地隔开了空间。房间里还有一张折叠沙发床，供过夜的客人使用。我搬进这间房后不久，里面的大储藏间就被改造成了半卫生间①，安装了马桶和盥洗池，这样一楼就可以为我提供所有的基本生活设施。我既然爬不了楼梯，就干脆睡在客房里，直到我们能对房子做出些改造的时候。

然而，这种改造一直都没有进行。我们曾考虑过简单地安装一部电梯，但成本太高了。从经济的角度来说，我还是住在只有一层的房子里会更好。当我离开医院的时候，我还能够使用楼梯升降机，虽然我不得不把一个轮椅放在楼梯底部，另一个轮椅放在楼梯顶部。然而，我担心如果我的病情恶化，我将无法坐到楼梯升降机的小椅子上。这种情况三年后就发生了，为此我们要浪费好几千美元。在1977年的一天，当鲍勃和他的一个朋友把我抬上楼时，我发现只有把浴室拆掉，才能改造成我能用的样子，因此关于把我弄到二楼的计划都流产了，那也是我最后一次看到我们家的二楼。

由于肿瘤生长的特点，我左半边身体比右半边虚弱得多。那时，我的右腿能够从一个台阶上抬到另一台阶，并且有足够的力量伸直，并拉起我的身体。但随着左腿逐渐麻痹，不管我怎么努力，我都无法把这条腿抬到下一个台阶，这终结了我爬楼梯的日子。同样的情

---

① 只能上厕所，不能洗澡的卫生间。——译者注

形在我走路的时候也发生了,我的右腿和右脚可以正常地向前迈步,但左脚却拖在地板上。我不仅不能把左腿抬离地面,也无法把它挪到右腿前面,眼看着那只虚弱的脚向下耷拉着,更无力抬起左脚脚趾。因此,我走路的时候都是右腿走出去,左腿几乎拖着。医院的骨科给我安装了一个支撑架,用来抬起我的左脚。这是一个有魔术贴扣带的模压塑料制成的简单装置,售价250美元(所有为残疾人设计的用品价格都很高,因为费用会由保险或公共基金承担),但是完全不起作用。尽管如此,我还是可以借助助行器在我家客厅里来回行走50英尺。为了让我能拖动左脚,我的家人不得不把地毯拿掉。当然这使推动轮椅也变得容易一些,因为在地毯上推轮椅很像在沙丘上骑自行车那般费力。

由于我的上半身和手臂虚弱得拄不动拐杖,所以我不得不完全依靠助行器行走。通过助行器我还勉强可以站起来活动一下。我不喜欢坐在轮椅上,首先是因为不太舒服。其次,那是残疾的象征。我通常会在躺椅上消磨时间,每当要换坐轮椅时,我都会把轮椅停在躺椅附近,踩下刹车,再把助行器拉到前面,左手放在助行器上保持平衡,然后双腿直立,右手向下推轮椅扶手。起床通常需要四肢并用,有的时候状态好,我只要腿脚发力就能起身,但大部分的杠杆作用是由右腿完成的,左腿只起到保持平衡的作用。在整个过程中,起身起到一半的时候是最危险的,这时手臂已经完成了助推,接下来就要完全靠腿发力。在我起身过半之前,腿就得开始使出最大的力量。当腿被锁定在一种笔直的状态时,我就可以站立很长一段时间。站起来后,我会走几步到椅子前,以逆时针方向转弯,然后坐下。顺时针转弯对我来说是不可能的,因为这需要我用左腿带动，而我的左腿几乎是无法活动的。正因为如此，我经常不得不转270度才可以完成一个转弯的动作。

在起床和入睡时，我使用的是同样的方法。睡可折叠沙发床对我来说比较轻松，尽管这个床很低。然而，由于各种常见的和一些其他原因，对我来说早上起床的动作比躺下更加艰难。我的房间空间狭小，床摆放的位置使得我不得不从左边起身。起床的时候，我会用手抬起左腿，然后移到床垫边上，再把左腿放在地板上，同时右腿转过来。随后，我不得不用虚弱的左臂把身体撑到可以坐立的位置。有时，我是在经历了几次尝试之后才成功完成这些（日常的）动作。

可是浴室又带来了新的问题。尽管我可以毫不费力地把轮椅推到盥洗池边，但马桶座太低，以致下肢瘫痪的人无法使用。但这个问题很容易解决，可以在马桶旁边安装一个扶手，并在马桶座顶部安装升降座椅。

那时尽管我的身体残疾，但我还是很自立。我能自己穿好上身的衣服，虽然从来没能处理好裤子和鞋子的问题，但大多数情况下生活可以自理。我自己刮胡子、刷牙、擦洗大部分身体，在不用别人帮忙的情况下自己去上厕所。尤兰达白天去上班，就把午饭留在冰箱里，我自己就能吃，我甚至可以重新加热咖啡。唯一需要帮助的就是早上穿衣服和晚上脱衣服。

应该说我重返日常生活的过程还比较顺利，但回归社会则是另一回事了。1977年冬春学期，我从哥伦比亚大学休了带薪长假，这段时间我本来是打算要写作的，但后来大部分时间都花在了休养身体上。应该顺便指出，在我生病的前十年（从1976年到1985年），以及在我多次住院期间，我从未得到过一天的病假工资。之前很倒霉，总是在休假期间去医院，直到1986年春天，我不得不请病假。我原计划在1984年秋季学期的假期开始写这本书，但后来又在医院瘫了三个月。就这样，在1977年那个严酷无情的冬天，我坐在被大雪封住的房间里，思绪不宁，痛惜我那被毁坏的写作计划，并审视着同样被摧残的身体。

也就是在这几个月里，我开始认真思考死亡，尽管这已不是第一次。对死亡的理解是我们存在意识的一个条件，是我们感知时间的一个首要前提，是我们自我理解的一个原则，是我们所有计划中的一个恒定因素，是贯穿在我们生命结构里的一根线。死亡使生命及其价值得以彰显，它不仅仅是生命的终结，它也创造了生命，使新的生命成为可能。没有死亡的概念，生命的概念本身就毫无意义。完整的生命，或纯粹的存在和死亡，或纯粹的虚无，是辩证统一的，即黑格尔所说的"世界的运作在于新生"。我们人类与其他动物的不同之处在于，我们对自己的死亡有一定的认知，这种认知通过直接观察和口头描述深入我们的内心。也许这便是独特的人类本身，也许是语言，也许是丰富的意象和美妙而夸张的幻想能力，使死亡如此生动地在我们的意识中存在，或以符号的形式隐藏于我们的潜意识中，随时在我们的梦中浮现，或在弥散而模糊的焦虑中泄露。我们人类是可怕的，甚至有时是病态的生物，因为我们的智慧会将某种预感升级为恐惧。如果不是因为人类的头脑有着压制的天赋，以及否认、转移和掩盖的文化体系，这种忧虑将使我们无法行动。但我是在学习这种"策略"，而并没有变成信徒，我接受了一个简单的事实：死亡不是另一个层面上的存在状态，而是一无所有。在我年轻的时候，死亡的概念还很抽象；但在我53岁的时候，罹患灾难性的疾病，使我意识到死亡是一个永恒的现实。

了解死亡并产生恐惧和期待，做一些很少被旁人察觉到的事情，是人类孤独的征兆之一。没有什么比对伤者之痛无法感同身受更令人孤立无援的了。当一个人生病时，这种病痛没有旁人关心；当一个人死后，这个世界也几乎不会有一丝涟漪。在美国，一个人可能会孤独地死去，因为死亡常常发生在医院里，照护患者的只有医护人员和维持生命的机器。似乎是意识到了这一点，垂死之人对世界逐渐失去信心，而世界又全面隔离他们。无独有偶，因纽特人过去常常抛弃年老体弱的人。在某些非洲部落中，如果有人长期生病就会被杀死。这种安乐死在我们的社会中并不受欢迎（1985年，佛罗里达州的一家法院判定一名75岁的男子犯下一级谋杀罪，罪名是杀害了妻子，当时其妻正处于阿尔茨海默病的晚期）；相反，我们用大量的镇静剂隔离垂死的人。在我们的社会中，在用药物或机器引致的半昏迷状态中等待死亡是很常见的。因此，社会通过在生者和垂死者之间设置距离来排斥和否定死亡。

自1897年现代社会学奠基者、法国社会学家埃米尔·迪尔凯姆的著作《自杀论》①出版以来，死亡与孤独有共同的根源的说法就成了众所周知的社会学事实。在《自杀论》中，迪尔凯姆以统计学的方式论证：独居或被隔离的人比那些住在家里的人更容易自杀；孤独导致疏离，成为自我毁灭的温床。但是，众所周知，自杀在有家庭的普通人中也很普遍，并且通常是由于家庭关系而直接导致的。

---

① Émile Durkheim, *Suicide* (New York: Free Press, 1966).

这不仅是文明病的产物,蒙杜鲁库研究让我们深刻认识到这一点。在蒙杜鲁库,人们避讳谈论自杀,因为他们认为这是一场灾难,但不管什么样的情况,他们都将其归因于与亲属之间的疏远。在诸如"她的姐妹们对她不好"这样的陈述中,蒙杜鲁库人表达出这样一种信念:最具破坏性的疏离形式往往隐含于我们最亲密的关系之中。

我对死亡的沉思,直接源自我在轮椅上与世隔绝的生活,这给我带来被隔离和孤立的感觉。我总是从医院的窗户望出去,看着在街上匆匆而过的人们,仿佛我和他们不再是同一物种。看着一位穿着运动服的青年人从我身边跑过,我在想,要不是上帝的恩典,我就没命了。总之,这是我对此事的神学观。我感受到自己的格格不入,尽管在医院的时候每天访客不断,在家的时候也有家人陪在身边,但我仍有一种深深的被隔离感。我的家人敏锐地觉察到了这一点,他们对我的关心变成了被伤害和困惑,他们无法感同身受,因为这是残障人士才会有的意识,也是我稍后会讨论的话题。事实上,在这个节骨眼上需要考虑的是,我的自我隔离与严重的病情串结在一起,唤起借死亡以逃离的想象。

尽管我有自杀的念头,但我并不是真的抑郁。我吃得好,睡得好,并且依然有幽默感。我甚至会拿自己的身体状况开玩笑,尽管听众的笑声通常是谨慎而有礼貌的。在我看来,自杀看起来是一件很实际的事情,是摆脱灾难的一种切实可行的方式。那时我53岁,面临着严重的身体残疾,而且这种残疾可能是永久的;我当时最大的希望是情况不要再恶化,但又深知那只是一种幻想。事实上,肿瘤还保持着活性,而且在不断地扩散。它会慢慢地、无法逆转地生长，很可能像冰川那般碾碎我的身体，我甚至在思想中都无法压制它。而在这种渐进式瘫痪的最后阶段，我仅仅是活着。在肿瘤将我的身体摧残得完全麻木之前，我似乎只有一种方法可以解脱。

但我很快意识到，自杀对于身体健全的人来说是一件简单的事情，但对于行动不便的人来说，却极为困难。我该如何瞒着妻子去买枪或毒药？即使我买到了，我该把它藏在哪里呢？我还剩下多少时间有力气扣动手枪的扳机？最具有讽刺意味的是，在最想结束自己生命时，我的身体无力支持这项行动。我开始做梦梦到自杀。在我最真切的一次梦中，我拉开一枚手榴弹的引信，把手榴弹举到胸前，然后倒计时，在数到"三"的时候，我醒了。虽然梦是虚幻的，但我关于死亡的想法是真切的。我二战时在海军服过役，我唯一见过的手榴弹是在约翰·韦恩（John Wayne）①的电影里。就算是"公爵"（韦恩）和现代勇士西尔维斯特·史泰龙（Sylvester Stallone），除了在电影里，他们也从未接近过战争。那么，我的梦将在哪里结束？B级片又在哪里开始呢？梦、电影，甚至现实生活仿佛都是一片海市蜃楼。

尤兰达很快就猜到了我在想什么，并和我坦诚地谈了一次。她的言辞直截了当、简单明了。她并没有提及生活中那些可能是盲目乐观的美好事物，相反，她告诉我，我的离去对她和孩子们意味着什么，自杀不再是我个人的事，尽管在理论上生命是属于自我的，但事实上已经被抵押了。我的生命主要属于我的家庭，当然也和许

---

① 约翰·韦恩，生于爱荷华州温特塞特，素有"公爵"之称的西部牛仔明星，原名是马里奥·麦可·莫里森（Marion Michael Morrison）。——译者注

多其他人相关联。当我意识到自杀成了对生命本身的一种犯罪,就打消了这个念头。当时我们的孩子一个17岁,一个18岁,他们学业未竟。虽然我几乎存不下钱,但我作为教授的薪酬足以让我的家人衣食无忧。很明显,我不能抛下他们。除了经济上的需要,我的家人和所有亲近的人比以往任何时候都更需要我活着,因为,在我身体残疾的特殊状态下,我必须让生命彰显其本身的价值,自杀则违背了这种信念。实际上,我们所有人都应该有权利带着尊严勇敢地死去。

我的身体遭受了严重的伤害,但我仍像以前一样活着,我必须利用好我身体的其他功能。我突然想到,这是人类的普遍状况。我们每个人都得在自己的能力范围之内过完这一生,虽然我有一些身体缺陷,但仍然保留着许多优点。我的大脑是中央皮层唯一还能正常工作的部位,那也是我赖以生存的器官。残疾是一个没有标准定义、相对的术语。有些人由于不具备脑力条件,无法去做我能做的事,从这个意义上来说,他们是残障人士,而我不是。(现实生活中)每个人都有这样或那样的残疾。即使有一天,我日益严重的瘫痪会终结我对这个世界的积极参与,我仍然可以(选择)平静地接受这一切。人类学使我成为对人类一切事物的"窥视者"(voyeur),并使我认识到它们难以捉摸的美丽和稍纵即逝。活着就足够有趣,我决定重新融入这个世界。

我对待生命和生活的态度在生病期间发生了改变。我的生命正受到持续不断的威胁,所以我开始把每一天、每一周、每一个月、每一年都当作一份礼物。从那时起,我开始活在当下。每一天都是我一生的事业,每一个生日都是一个奇迹。我想,在末日来临之前,

第三章 回 归

我推测我的情况一直会恶化，死亡会作为一种礼物而到来，因此我不再害怕死亡。从那时起，死亡就像老朋友一样陪伴着我，在这种不自在的友谊中，我的生活态度发生了积极的转变，这一切都很像爱尔兰人的风格。

还有一次，我被迫做出了类似的决定。酗酒者的孩子似乎从不会吸取父亲的教训，而且有充分的证据表明，他们容易重蹈覆辙。有人认为，这表明酗酒倾向是遗传和基因导致的——这是个看似合理的观点，但就像大多数简单粗暴的解释（例如种族智商、女性从属地位）一样，没有人能确定基因的作用。另一种更容易证明的解释是，嗜酒的习惯是在核心家庭的复杂关系中产生的，是在男弱女强的社会环境中通过社会化而习得的，这些女强人的母爱能力被她们承受痛苦的天赋所超越。

这确实也是我家庭中的社会学问题。在战争时期，我们在长成年轻小伙子的过程中，极易养成酗酒的习惯，而且几乎不可避免。那时周末的自由时光最重要的是用来泡妞和喝酒的，当然这些事情的重要性与成功的排列顺序刚好相反。一上船，我们只在偶尔去港口的时候喝点酒，但随后我们就会极尽挥霍来补偿在海上的这几个月。在马尼拉，我们喝"威士忌"——一种单价一美元的液体混合物，但它如此难喝，以至在吞咽的时候不得不捏着鼻子，简直无法用语言来表达这种酒的差劲。二战后，我们这些回国的人获得了长时间的自由，但我们中的大多数人最终沾染上一种更放荡不羁的习惯，即频繁却不放纵式的饮酒。酒被公认是社会化的媒介，这种模式一直延续到今天。

然而，我的航海生活并没有因此而结束。在韩国釜山下船后，我乘坐一艘商船去了旧金山，然后才回家，当时我发誓再也不会上船了。退伍后，我注册了《退伍军人福利法案》（GI Bill）失业保险（被称为"52-20俱乐部"，因为我们可获一年中每周20美元的收入），同时等待哥伦比亚大学1946年9月开学（也由《退伍军人福利法案》资助）。因此，在1946年5月初的一天，我去美国就业服务机构接受每周的例行检查时被问及职业，我回答说我是一名海事电子技术员。当时我十分自信自己不会被安置，但随后办事员却告诉我他们会给我安排一份工作。四天后，我站在美国陆军海上运输局的运兵船"戈塔尔将军"号（General Goethals）的甲板上，看着它从斯塔顿岛（Staten Island）的一个码头返回海峡，驶向德国的布莱梅黑温（Bremerhaven, Germany）。

此后，除了反复梦到被迫去海上服务外，这四个月过得很愉快，因为我们是作为公民而不是军人出航的。我当时的薪水很不错，工作也轻松，每天在大西洋海岸过着潇洒的水手生活。有一次去德国，我连着喝了五天的香槟，喝得烂醉如泥。香槟是我用黑市上很容易得到的购物券买的。当时我的生活不管明天，也没有住所，有的只是流浪、港口和喝酒。1949年夏天，我再次乘坐一艘军用运兵船出海。同年9月，我进入了哥伦比亚大学的研究生院，从此我的身份开始在水手和学者之间严重分裂。

二战结束时，我变成了职业酒徒，但还没有上瘾到酗酒。20世纪50年代我在伯克利教书时，也一直无法逃脱酒的诱惑。1959—1960年，我在非洲进行田野考察，更是深陷这种嗜好无法自拔。在那里作为白人男性，我承担着日常饮酒的负担。在这件事情上，我自欺欺人地认为喝酒虽然不是什么好事，但不会太妨碍我的研究，而且这就是殖民地式生活方式的重要部分。我是在1950年开始饮酒之前和尤兰达结婚的,后来尤兰达看着我的情况,感到无能为力,她希望我们可以回到加州安定下来。她意识到我饮酒并不是情境所致,也不是面对压力或焦虑的排解。真正的酗酒者喝酒不是为了缓解现状或痛苦;相反,他会小心翼翼地(尽管常常是无意识地)制造一些困境,以证明喝酒的正当性。酗酒是一种根植于性格结构中的障碍,其中隐含着复杂的过程,而沿着既定的轨迹,对饮酒本身的合理化行为也常使我选择性地遗忘。

学术生活远没有想象中那般平静。1960年前后,伯克利人类学学院掀起了有关人格和意识形态的纷争,有时两者都伪装成对方为自己正名。结果,大批青年教师涌向东部。1963年,我也加入这场回流潮中,回到了九年前曾获得博士学位的哥伦比亚大学做全职教授。在那里我找到了老朋友,得到了系里的支持,也获得了学术上的宁静。我把自己在伯克利不断增加的饮酒量归因于系里的氛围,这样一来我就可以把自己的毛病归咎于他人。但似乎是为了故意排斥这种推卸责任的行为,我在纽约开始喝得更凶了。尤兰达更加担忧,我们的争吵也更频繁、更激烈,我深陷到酒精抑郁症之中了。

有很多喜欢喝酒的学者,只要能保持在清醒的状态下上课,就可以在很多年里维持着现状。我为了努力否认酗酒,也为了不让别人知道,所以小心翼翼地从不旷课,总是在下午晚些时候才开始喝。那时我的写作几乎停止了,但还能靠着以前发表的文章混一段时间,那些文章是我为了获得伯克利终身教职而努力的结果。我发表的论文统计列表比大多数教授的都长,因为当时有几位资深教授对我有些排挤,所以我不得不大量发表论文,以免在终身教职评审中被淘汰。在这种情况下，我保持了一位优秀的教师和成果丰硕的学者形象，过着规律的生活，有一群快乐的酒友，活得像一个专职的喜剧演员。然而，当我后来变成了一个孤独的酗酒者时，我的酒友们并没有意识到他们已经失去了我。

我知道我不能再这样混下去了，因为这让我心理上疲惫不堪。每个人的身份中都有些虚假成分，我们要花很多时间和精力来维持它，并向他人兜售这种欺骗。但当你自己的私人面孔开始模仿公众形象，或者两者之间不能协调时，分裂就是必然的。就像我身上的学者气质和水手性格就完全互相冲突，而且最后是水手赢了。到1966年时，我发现我的婚姻和事业正处于毁灭的边缘，正滑向我父亲曾经跌落的那个地狱。

酗酒者生活在一个与世隔绝的密室中，在这个封闭的世界里，他能在满足欲望的同时找到自己的组织和集合点。他要把时间安排好，把财力用在喝酒上，就必须向别人隐瞒这些图谋。在这个过程中，他成了一个阴谋家，一个伪君子，一个化妆师，一个秘密生活的实践者。更严重的是，他会怂恿其他不知情的人成为帮凶，甚至使得颇有微词的配偶成为家庭戏剧的明星演员。他们对饮酒的强烈反对本身也是导致争斗发生的原因之一，这场争斗可能煽动更多人饮酒。家庭围绕着酗酒者重组，但酗酒者却以自我为中心安排着自己的生活。这是一次孤独的、自我堕落的旅程，一次回归原始的自我陶醉，它也是人生中的死亡之旅。

1966年的圣诞节为我一年一度的假日酒醉提供了正当的理由，但这次经历让我比以往更沮丧。那年秋天还没到，我的酗酒量就开始失控。我没有把握好中产阶级酗酒者要在公共场合保持"适当醉酒"的艺术,在错误的时间和地点喝得太多了。我很害怕,因为我知道发生了什么。正如他们在酗酒者互诫协会(Alcoholics Anonymous)中所说的,我还没有"触底",这意味着我还没有失去工作和家庭,也没有被发现生活在贫民区。但我确实是在朝着那个方向急剧下滑。我是一个没有未来的人,在深渊的边缘摇摇欲坠,处在十字路口;我意识到我必须做出决定,而且不能回头。我意识到这些想法的时候是12月27日晚上,当时我站了起来,把摆在眼前的一夸脱啤酒全部倒入水槽里,然后上床睡觉。从那时起,我就再也没有喝过任何含酒精的饮料。

我在戒酒时采取了一种不同寻常的方法:事前事后都没有去看心理医生或其他医生,没有服用镇静剂,也没有去酗酒者互诫协会。我突然就戒掉了酒,从此再也没有复发。估计我能做到这一点的原因大概是:我厌恶半宗教性质的酗酒者互诫协会,更不想加入那更世俗的哥伦比亚分会,因为我认为我的同行教授们的忏悔听起来像是学术论文,既说教又自私自利。此外,我还看到酗酒者互诫协会的朋友完全依赖于这个组织。当他们旧瘾复发时,就是对这个协会的反抗,而平时他们的反应是屈服和忏悔。这隐含的是一种父母与叛逆的孩子之间的关系,有时也会公开传达这样的信息:"我是软弱的,这个群体是强大的。"他们没有把生活定位在酒瓶周围,而是围绕着戒酒协会重新组织自己的生活,这样做让他们与社会的其他方面持续疏远。

我不想简单地形成新的依赖,从而再次失去自己。更确切地说,我想重塑自己,重新定位和定义我是谁。多年的饮酒削弱了我的意志,摧毁了我的自尊心:我认为自己懦弱,没有骨气,犹豫不决又自私。真是如此,多年的伪装让我对自己的身份不确定。在尤兰达的支持下,除了戒酒我还做了很多事情,独自走上了清醒的道路。我宣布重新控制了自己的行为,重新建立了自我价值观,并把自己的视线重新投向外部世界。我戒酒的几个月过得很艰难,但我不想再讲述那段故事了,因为它和我酗酒的细节一样,并不是这本书的重点。相反,人们感兴趣的是将酗酒作为一种生存状态,在这方面,戒酒的痛苦便是酗酒者所必须付出的代价,也是对来之不易的自由的认可。我把自己塑造成一个独立的人。而十年后,我又做了同样的事,我要重新找到自己,然后重新融入这个世界。

直到今天,我也说不出我为什么会陷入酗酒的状态,因为我从来没有进行过心理咨询,我比咨询师更了解自己。然而,有大量的分析认为,男性酗酒是一种保持和建立男子汉气概的手段,是一种否认依赖和认同恋母的倾向。矛盾的是,这种断言是通过深刻的口头依赖表达的。因此,这种综合征在很大程度上是在一种特殊家庭环境中成长的产物,在这种家庭中,父亲是软弱甚至是受鄙视的,而母亲却是一种矛盾的强大的形象。我自己的经历与这个主题稍有出入。

我饮酒可能是出于男性意识的觉醒,这使我有一种仍与许多原始社会的男性有所关联的慰藉感,其中包括亚马孙的蒙杜鲁库人,他们认为只有通过努力控制某些神圣乐器,才能保持对女性的统治。神话里说,这些乐器曾经是女性用来统治男性的,但在世界上第一次性革命中,男性从女性手中夺取了这些乐器,并颠倒了性别的角色。神话及其仪式是对母系统治地位的比喻,也是男性为逃避并保护脆弱的男性气概而进行的斗争。吼板①和神圣的号角，全都以精妙的阳具造型制作，还有男性专用的俱乐部、专横的丈夫和醉酒的水手，都是男性试图维持他们优越神话的普遍尝试。我们骨子里都是兄弟，但有趣的是，为此要我们所有人付出代价，无论男女。因此，将全世界男人团结在一起的兄弟情义是男性身份的脆弱性之一。我们被迫失去作为爱的对象和榜样的母亲，我们对男子气概的把握不断受到威胁，被迫回到母亲的怀抱，放弃来之不易的自主权，重新陷入依赖的被动状态。母亲既是生命的赐予者，又是生命的破坏者，而男性对统治地位的争夺，正是恐惧和软弱的表现。

酗酒是男性摆脱困境的一种方式，这是一种友谊宣言，一种表达男性团结的媒介，一种男性冒险的情境。我的身份被撕裂成了两半，一半是永远离开海岸的那个嬉笑打闹的假水手，另一半是因母亲离开而内心感到害怕的13岁孩子。但是，与原始社会中的兄弟们以仪式来表达母性丧失和受到威胁的情感窘境不同，酗酒者的方式是反社会的。它可能开始于宴乐，但结束于阴沉的孤立。酗酒者通过逃避世界来解决问题，通过模仿支配地位来表明他的男子气概，用遗忘来掩盖内心的恐惧，用萎缩和分离来缓和敏感的社会关系，他会因厌恶生活而趋向死亡。这就像我在1977年冬天康复时想到的自杀一样，尽管似乎并不血腥，也缺乏胆量，但我们将看到，这并不是酗酒与残疾的唯一相似之处。

20世纪60年代末70年代初，当时我是人类学系主任，身处哥

---

① 澳大利亚原住民在宗教仪式中使用的木板乐器，抡甩木板系带可发出吼声。——译者注

伦比亚大学的混乱之中①，也从未放弃过我的戒酒方案。后来即使在我长期患病期间，我也未曾想过放弃。我知道酒精会带来酗酒者不想要的沮丧情绪，我也知道如果自己开始纵酒，就会陷入自怜状态，对残障人士来说，这更是一种致命的精神打击。而且让我久久不能释怀的是那段和我父亲有关的记忆，在整个大萧条时期，他是失业者，只会坐在餐厅的桌子旁，没完没了地玩着纸牌游戏——他失去了朋友、工作，甚至家人。大约在他死后20年，我自己的酗酒让我与他和解，关于他的记忆也是我获得解救——两次重生的重要原因之一。

1977年春，雪融了，我也慢慢地恢复了。利奥尼亚的朋友们来跟我聚会，在最初的几个月里访客不断。然而，随着时间的推移，我就很少看到他们了，因为很显然我会永远残疾下去。学生们也会来看我，我们甚至在客厅里进行了一些口头考试。但是有很长一段时期，我希望他们都离开，让我静静疗愈伤口。该让他们进入还是退出我的世界？我摇摆不定，这种状态一直困扰着我，而且在生病时变得更为强烈。在这段时间里，我待在家里，成了受制于天气和台阶的囚犯。除了漫无目的地阅读有关人类学的书籍和期刊、博士论文、科幻小说、神秘小说，以及其他可读的内容外，我几乎什么都不做。除了作为患者的康复责任，我没有别的安排。

我第一次出门是在今年3月，当时我获得了母校哥伦比亚大学的马克·范·多伦（Mark Van Doren）教学奖。这个奖在我康复期的

---

① 此处应该是指哥伦比亚大学发生学生罢课等麻烦事件。——译者注

关键时刻颁发，它直接影响了我在最脆弱时期的心理变化。大学教授的主要教学手段是演讲，这种表演对一些人来说是痛苦的，而对另一些人来说是快乐的。我属于后者。一场长达50分钟的枯燥演讲对听众和讲师来说都是一种折磨，很多次我都是耐着性子听完才离开的，所以很清楚这一点。在我休假的日子里，我看着那些倒霉的受害者（学生）——坐在麻木无聊的光环下，下巴松弛，眼睛瞪视，挣扎着保持清醒——我鄙视枯燥无味的演讲让人类同胞们遭受此种待遇。更让人沮丧的是，这些学生一直在学习着医学和法律预科课程，疯狂地学习和记录每一个痛苦的、不加修饰的和没有解释的"事实"，高兴地看到最后的课程中有一些"肉"，一些可以在考试中表达的东西，一些他们迈向实践过程中的基本原理。相反，我试图保留这门学科的浪漫色彩，将美国文化作为主要数据来源，最重要的是让学生保持清醒。我可能在某种程度上取得了成功，这让我非常满意，而颁奖晚宴是我教学生涯的关键时刻，是治疗伤者的一剂良药。

这顿晚宴也是我重新融入社会的一次机会，它似乎与某种仪式有关。这不仅是一种学术荣誉，而且无论多么出乎预料，它还是起到了"通过仪式"（rite of passage）的作用。按阿诺德·范·盖纳普的术语来说，"通过仪式"是指那些仪式场合的称呼，标志着一个人从一种社会身份向另一种社会身份的转变。① 从男孩到男人，从女孩到女人；从单身到结婚，从生到死，而我的仪式见证了我作为一

---

① Arnold van Gennep, *The Rites of Passage* (Chicago: University of Chicago Press, 1960).

个残障人士在公共场合的再度出现。在这样的活动中,一如既往地会有个简单的招待会,每个人都在聚会中边吃边聊,参与者都是我当教授时有过互动的人。在场的有哥伦比亚大学的校长、学院院长,哥大所有的人类学者,以及很多研究生和本科生。我的妻子和孩子也出席了晚宴,但他们感到略受冷落,因为在这里除了我没有其他的亲友,唯一在场的邻居也只是哥伦比亚社区的成员。到场的人很多,观众的反应甚至比预期的还要热烈。我很快意识到,在这场颁奖会上,与其说我作为一名教师被称赞,不如说我作为一名幸存者被报以欢呼。无论如何,大家的情感是真诚的,我再次感到自己融入了大学。虽然我的身体已经发生了变化,但在这场仪式性的聚会上,我一见到过去的同事们,内心深处的不安就得到极大缓解。然而我也意识到,绝不是所有的仪式都能消除我新身份的污名化。

春天天气转暖了,我在后门搭了一个坡道,这样我就可以上车了。当时我完全有能力控制手刹和油门,但从未尝试过。我的手有足够的力量来控制方向盘,有力气轻松转弯,但我的脑袋和肩膀只能旋转90度,我只能看着后视镜来倒车。此外,我觉得我的运动反射变迟钝变古怪了,对于每个路上的行人,我是潜在的"马路杀手"。更糟的是,我的上肢力量不足以把轮椅拖进我车子的后备厢,所以每次行程结束时我都需要别人的帮助。我决定让尤兰达开车,这似乎是由于我的恐惧和退缩而做出的一个糟糕的决定,并非实事求是地考量了所有可选方案后的选择。但当我意识到这一点时,开车对于我来说已经不可能了。我不确定自己开车能给我带来多少通行上的便利,但这会给我带来巨大的心理安慰,让我重新获得掌控和有能力的感觉。我已经忘了,在我一瘸一拐走路的日子里,开车多大程度上让我延缓了失去受控感。但是，我当时退却了。

无法开车对于我来说，不仅仅是在出行上的退让，还象征着我远离了自发性和自由行动的意志。我曾经可以凭一时的心血来潮和想象行事，但现在我必须按照计划，即使面对最简单的动作也是如此，比如从轮椅转移到马桶、床或扶手椅时，我必须把轮椅停在一个精心选好的位置，并踩下刹车，以免轮椅从我身下飞出去。接下来，我会制定起身的策略，小心地选择支撑物，思考达到目标所需的步骤。当我不再能行走或站立时，这种移动就变得不可能了，我的行动变得更加受限，障碍变得更加巨大。面对我家的房子，我就像面对战场，我的一举一动都是经过深思熟虑的，以此来对付在这个"战场"里不断出现的敌人。

我的户外活动更加受限。如果没有司机，没有尤兰达或鲍勃，我就哪儿都去不了；每次旅行我都需要后勤保障。如果我们想去餐馆吃饭或去看电影，就必须先打电话确认那里有没有台阶。如果我们想住汽车旅馆，我们必须先测量浴室门的宽度，因为我的轮椅有26英寸宽。无论什么时候旅行，我们都需要各种设备。除了轮椅，我们还得搬运助行器、便盆和其他各种各样的装备。随着我病情的恶化，装备也越来越多。我们那种心血来潮地想去某个地方，或随性地做某些事的日子已经一去不复返了，那些我可以随时到厨房去吃点零食，或到外面呼吸一下新鲜空气的日子也一去不复返了。这种自发性功能的丧失让我无法自由安排时间，它僵化了我短视的观念，并在以前那种令人愉快的无序状态中引入了对生存质量的忧虑。

我的经历绝不是独一无二的，因为所有有运动障碍的人都有同样的抱怨。奥利弗·萨克斯在她杰出的著作《觉醒》①中讲述了一名女子因服用左旋多巴（L-DOPA）②而昏迷不醒，因睡眠不足而病倒，失去了对身体运动的控制。一旦向某个方向前进，她就会一直往前走，直到被一堵墙或一件家具挡住。如果她想坐到某把椅子上，她会用手指着路引导身体，但是如果她不能以直线走过去，她就得让身体撞到墙上，再弹到椅子上坐下，就像打台球一样。每一步都必须仔细计划，每次移动都像是弹道测试③。当然，这是一个极端的例子，但是所有将要瘫痪和已瘫痪的人都有这方面的问题，只不过程度有轻有重。如果要外出，没有汽车的残障人士（数量众多）必须提前几天安排交通。有些人只能依靠轮椅来到达目的地，因为租车费用非常昂贵，并且只有在有医疗预约的情况下才会由医疗保险支付。而且，他们还会受限于助手以及提供社会和医疗服务的机构的日程安排。在整个过程中，他们都只能是被动的接受者，等待着外部的世界向他们敞开怀抱——如果有的话。

到了5月初，我已经无法再装成一个正在康复的患者，我对自己虚耗的休假感到厌倦并且越来越恼火。我开始思忖是不是应该写点什么。一直以来我都是只会用两根手指打字的打字员——当然，这是一种粗糙的方式，我曾用两根中指敲出了几本书。然而，现在我的左手已经

---

① Oliver Sacks, *Awakenings* (New York: Vintage Books, 1976), pp.231-232.
② 左旋多巴（Levodopa，L-DOPA）是人和动物体内合成去甲肾上腺素和多巴胺的前体之一，是经典不可替代的抗震颤麻痹药，是具有儿茶酚羟基的神经递质多巴胺前体，常用作帕金森病的药物治疗［参见Peschanski M, Defer G, N.Guyen J P, et al. "Bilateral motor improvement and alteration of L-dopa effect in two patients with Parkinson's disease following intrastriatal transplantation of foetal ventral mesencephalon." [J]. Brain, 1994, 117(3): 487-499］。——译者注
③ 也被称为"Ballistic test"。——译者注

无力操控那陈旧的手动机器，所以我打算买一台电动的。利奥尼亚的一群朋友听到这个消息后，就合伙给我买了一台。就像我现在拥有的电脑一样，它是一个很棒的玩具。我一边花好几个小时把玩它，一边在心里暗想，写一本书确实会很有趣，但是写什么呢？

1962年，我和普伦蒂斯·霍尔出版社（Prentice-Hall）签订了一份合同，计划编写一本人类学概论的教科书。当时我的想法很简单：赚钱。在20世纪60年代，学习人类学课程的注册人数激增，教科书却很少。一册被广泛使用的教材可以使我的收入增加一到三倍，这能大大减轻我的财务负担。那时候，我喝酒的花销也越来越高，使我对未来感到越来越焦虑和不安。酗酒者充满了恐惧和罪恶感——但他们可以通过喝酒来减轻这种痛苦——我就是这种综合征的患者。此外，由于童年经历过大萧条时期，我从来没有忘记吃不饱的感觉。一本成功的教材似乎是我摆脱生活后顾之忧的理想途径。可是当我坐下来写这本书时，我盯着打字机上的空白页，却什么也写不出来。

我做错了两件事。酒精侵蚀了我从事大型写作项目的能力，而且对这本书我也没有构思。一本关于人类学通识的书必须涵盖四个子领域——文化人类学、考古人类学、体质人类学和语言人类学——而我对文化人类学之外的其他分支都失去了兴趣，也不再熟悉。有一天，一个学生让我告诉他DNA的组成，"蛋白质"，我回答。"什么是蛋白质？"他又问。"你认为我是一个化学家吗？"我回答道。自那以后，我决定不再教其他分支领域的课程。一想到要回到化石人、箭头和句法，就好像我又要重新开始研究生阶段的学习，我就感到很沮丧，这种情绪甚至使我的文化人类学部分的写作都受到了影响。四年后，我只完成了导论那一章。但那时，我已经不喝酒了，当时我似乎可以继续完成这本书，然而结果恰恰相反——我搁置了这件事。当编辑（偶尔一起喝酒的朋友）问我为什么时，我告诉他："因为我不再为生活而忧虑了。"

未能实现承诺让我很难受。在1977年的春天，我在寻找一个写作项目时，突发灵感想写一本关于文化人类学的书。这个领域我已经教了25年了，我非常清楚，我可以从头开始写一本关于这个主题的书。这不仅仅能帮我找到写作主体，还有很大的益处。但我过去的研究习惯与我现在受限的身体能力不协调了，我再也不能梭巡于图书馆的书库中，也不能到二楼书房里翻旧书，我也够不到楼下高层书架上的书了。这使我无法继续对过去的研究进行相当混乱但却有效的翻阅。我需要一本可以仅凭记忆写就的书，这本就是。

我从5月初开始写作，到8月底便完成了一篇十万字的手稿。这项事业一旦开始，我就会不停地、狂热地工作下去。我不喜欢平静而有条不紊的写作方式。每一个作品都是一份激情，写作与其说是一件苦差事，不如说是一种身体本能的需要。其中一些书的撰写尤为紧迫。1968—1969年期间，《社会生活的辩证法》[①]耗费了我八个月的时间。随着写作进程的推进，这似乎占用了我所有的精力，直到后来我觉得好像手稿是自己通过我的手写出来的，这本书有它自己的节奏和逻辑，而我只是在使用打字机而已。1979年的作品《社会人类学序曲》（以下简称"序曲"）[②]也让我着魔，尽管写作的初衷不

[①] Robert F. Murphy, *The Dialectics of Social Life: Alarms and Excursions* in Anthropological Theory (New York: Basic Books, 1971).

[②] Robert F. Murphy, *An Overture to Social Anthropology* (Englewood Cliffs, N.J.: Prentic-Hall, 1979).

同。虽然"序曲"的主题以及写作时动荡的时代背景体现了辩证法的激情，而我个人的境况却让"序曲"有种回归生活的热情，直到写完这本书我才意识到这一点。我不再像往常那样心平气和，而是变得兴高采烈，似乎大获全胜。我对自己的反应感到惊讶，我告诉尤兰达我从来没有这么自豪过，也不觉得残疾对我的自尊造成了多么大的威胁。"那还有什么新鲜的吗？"她用纯正的纽约腔调回应。

为了履行过去的义务，我通过一位朋友将完整的"序曲"手稿寄给了普伦蒂斯·霍尔出版社，这个朋友那时是出版社的人类学顾问。他把手稿交给了新编辑（出版商更换编辑的频率比他们换袜子还快，这让作者们很懊恼），并强烈建议出版。但编辑并不知道旧合同，并且起初他们对"序曲"也不感兴趣。直到三位外界的审读者对这本书好评如潮时，他们才改变了主意。"序曲"出版后，第一批印刷于1978年，距我开始写它的第一页才过去了18个月。"序曲"足够成功，并且于1986年出版了第二版，但它并没有像我在1962年梦想的那样获得巨额版税，因为在这期间出现了大量竞争对手，而全国人类学的招生人数却在下降。但是"序曲"的出版达到了另一个目的：它让我重返了活跃的学术界和出版界。这让同行和大学都意识到我还活着，尽管偶尔有谣言说我已经死了。"序曲"的出版重新唤起我的一种曾经动摇的信念，那就是我仍然是一个有价值的人，我仍然可以赢得社会上的尊重，我的生命仍然有价值，有些事情并没有改变。

1977年，我又面临了一个新的挑战，那就是9月重返教学岗位。我最喜欢的课程是文化人类学导论，它通常每次会吸引200名左右的学生，这激发了我对表演艺术的全部兴趣。我关心的并不是我要说什么，而是我该怎么说。我的胸肌已经萎缩到让胸腔倾斜的程度，所以长时间的说话会使我疲惫不堪；我的声音也失去了往日的音色和共鸣，不再像以前那样洪亮。我不确定自己能否完成75分钟的演讲，也为学生面对坐在轮椅上的教授的反应而感到担忧。我还能继续教书吗？

第一天上课时，我的助教把我推到教室，然后推上讲台。学生们有点惊讶地看着我，但过了几秒钟，他们就开始和旁边的同学们窃窃私语。关键时刻到来了却又很快过去，一点声音都没有。现在已经到了最困难的时候，即使有了翻领式的话筒，一个健康的人在这么大的教室里也必须提高声音。由于这是该课程的第一天，为了防止我坚持不下来，所以我在头脑中已经预先制定了一个救场计划，一些可以提前结束演讲的借口。我让全班同学安静下来，然后介绍了自己和两位助教，并分发了教学大纲，描述了课程要求，然后提出了问题。此时是我预先制定好的救场计划中第一个可以逃离教室的时刻，但我的声音很洪亮，我沉浸其中，并不想停下来。随着课程继续，我有了一个惊人的发现：当我用横膈膜①把单词挤出来时，我的声音也从练习中获得了力量。学生们聚精会神地听着，他们笑得恰到好处，我们似乎都忘记了自己是坐在轮椅上。我的控制感和自信心又得到了恢复，所以还拖堂了五分钟。

学者主要从事三件事：教书、研究和写作。1977年我既教书又写作，几年后我又开始了新课题的重大研究，这再次引发一些新的问题：什么样的人才是残疾的？到底什么是残疾？当1980年的人口普查表格寄到我手中的时候，我看到"家庭中是否有人完全残疾"

---

① 横膈膜，位于肺和胃之间的肌肉，呼吸时起作用。——译者注

第三章 回 归

这个问题，然后勾选了"否"。这个问题似乎与收入有关，而与健康无关，就像我仍然可以有全职工作。我身体上的缺陷使我无法在偏远地区进行深入的田野研究，而且无论如何，我的确有点老了。否则，在我的职业生涯中，我既不是"弱智的"，也不是"残障的"，在这方面我得到了极大的满足。

当时我的写作比"要么发表，要么灭亡"时的状态还要努力，因为我已经在伯克利得到终身教授的职位，这也是后来我能够在哥伦比亚大学任职的条件之一。更确切地说，这是我称作学术上的"墨菲第一定律"的一个典型例证。"墨菲第一定律"包括两个阶段：第一阶段，年轻学者焦虑自己是否能出道；第二阶段，资深学者担心自己是否能成名。这就是萨米和我一起奋力追赶的原因，我试图否认自己的残疾，这使我抗拒衰退的斗争变得更加紧张。我超越身体极限的行为就是为了告诉学术界，我还活着，我依然在做一直要做的事情。我在学术界和社区里的所有执着的活动都似乎是在向全世界呐喊："嘿，我的身体里还是原来的我！"这些都是我保持身份的方法，保护我个人在短暂宇宙中锚定的内在意识。许多康复方面的权威人士都认为这是一个信号，表明我没有"接受"我的残疾，这通常意味着我不愿意成为被动地接受他们良好服务的客户。相反，我清楚自己的境遇，知道情况会变得更糟，而不是更好。我承认我的身体状况，但我永远不会接受它的社会局限性，也不会容忍我的过去消逝——任何残障人士也不应该这样做，因为这正是他们为生活而奋斗的根基。

第二部分

身体、自我和社会

第四章

受损的自我

一天早晨,格里高尔·萨姆沙从不安的睡梦中醒来,发现自己躺在床上变成了一只巨大的甲虫。他仰卧着,那坚硬得像铁甲一般的背贴着床。他稍稍抬了抬头,便看见自己那穹顶似的棕色肚子分成了好多块弧形的硬片……"我出什么事啦?"他想,这可不是梦。

——弗兰茨·卡夫卡
《变形记》[①]

从第一次诊断出肿瘤,到开始轮椅生活的这段时间,我越发意识到我失去的不仅是健全的双腿,还失去了自我的一部分。不仅人们对待我的方式不同了,更重要的是我对自己的感觉也不同了。我的想法改变了,自我形象改变了,我赖以生存的基本处境也改变了。尽管有许多亲朋好友的强力支持,我依然感到孤独与隔阂。甚至更糟糕的是,我过去曾有的一切都在逐渐减少。这对于一个从贫穷的孩子摸爬滚打到站稳脚跟,走向受人尊敬的成功人士来说,尤其令人恐惧。我曾经是个有地位有经济基础的人,而现在这些物质财富

[①] 译文出自韩耀成、李文俊译《城堡 变形记》,浙江文艺出版社1995年版。——译者注

正在流失，这些变化威胁到我和尤兰达这些年共同努力打拼得来的一切。人到中年，我的安身立命之本受到冲击，而我甚至完全不明白这一切是如何发生的，为什么会变成这样。

除了考虑其他不幸的人身上发生的故事之外，我从来没有想象过身体残疾，当然也不曾把这些和自己联系在一起。一个残障人士可以进入我的视野，但不会在我脑海中留下印迹——这种选择性认知在我们的文化中相当常见。回想起我在尼日利亚（Nigeria）、尼日尔（Niger）的萨赫勒（Sahel）地区和苏丹（Sudan）地区度过的那一年，那地方是麻风病高发地区，许多人因此失去了手脚和鼻子，他们的困境对我而言，就如同我之于他们的语言、文化、环境一样陌生。由于这道鸿沟，我对他们基本没有同情心，仅有的只是把硬币丢进从残肢末端伸出的杯子里那么点同情。区区几便士就权当换来恩典与施舍，这是一笔交易，一种姿态，并不是意在表明我和他们的同一性，而更像是彰显我对他们的优越感。

随着我自己的身体有了残疾，我对残障人士的社会地位与待遇变得近乎病态地敏感。我开始去注意以前从来不加思索的行为上的细微差别。我最早观察到的成果之一是，残障者与健康者之间的社会关系是紧张的、尴尬的、有问题的。这是每个有生理缺陷的人都知道的事，但当时让我很吃惊。举个例子，我住院的时候，一位年轻的女性访客一脸惊愕地进入我的房间，大声说她刚才看到了一幕可怕的场景，一个女孩的头盖骨少了一半。我知道那个女孩，十来岁，非常可爱但有些迟钝，她每天会来我这里几次，我们总谈着相同的内容。我问我的客人为什么这个场景令她受到如此惊扰，她没法给我一个确切的说明。她反而问我为什么不会被困扰。我想了一

第四章 受损的自我

会,回答说"我觉得我是'他们'中的一员",这想法遭到了她的激烈反对。可是,为什么我的访客——一位优雅而聪慧的人,会有这样的反应?这引起了我的好奇。

在这小小的遭遇中,有一些相当有意义的事情,因为它包含了欧文·戈夫曼所谓"社会学原始场景之一"①的元素。借用弗洛伊德对原始场景(孩童创伤性地目睹父母性交)的隐喻,戈夫曼用原始场景表示社会对抗中的一方有重大缺陷,比如当一方没有鼻子的时候。这种破坏了严格文化准则的遭遇,会造成精神创伤,使得参与其中的人们完全不确定要如何预期彼此的行为,可能会造成社交灾难。

身体受损的人与基本健康的人之间的关系很有问题。的确,部分是由于健康者的执拗、偏见、糊涂等,但却不能草率地归咎于此。即使身体健全的人对残疾人怀有善意,他们也很难预测他们的反应,残障人士也有可能因身体机能受损而误解个中含义。更为复杂的是,残障人士也是带着曲解的视角进入社交舞台的。残障人士不仅是身体发生了改变,他们对自己、对外部世界的人和物的看法也发生了深刻转变。他们经历了一场变形记,他们的意识发生了翻天覆地的变化。

从来没有人问过我下半身瘫痪——现在是四肢瘫痪——的感觉怎么样,因为这会违背中产阶级的所有礼节。有几个人曾经询问是什么造成了我目前的状况,听到答案之后,他们露出一副悔不当初

---

① Erving Goffman, *Stigma: Notes on the Management of Spoiled Identity* (Englewood Cliffs, N.J.: Prentice-Hall, 1963).

的表情。但是,毕竟肿瘤可能发生在任何人身上,甚至也可能是他们身上。礼貌的举止可以让我们远离这种冒犯,但是值得注意的是,医生也几乎不会问这两个问题。他们用现代医疗技术,或者用老式的扎针方式来询问患者的感觉,他们喜欢用这类方式来得到"铁一般的事实"。这些测试据说可以提供良好的、"客观的"神经系统损害程度的测量方法。然而,就像社会调查问卷一样,这种检查将患者的经历简单地划分为非黑即白,无视总是伴随残疾而来的许多观念与情感。在对残障人士的医疗模式中,患者的主观状态也几乎从来没有被关注,关于伤残的问题也是完全被归咎于一些解剖学或生理学上的障碍,这些问题可以通过标准治疗方案——比如药物、手术、放射或者其他什么方式来纠正。患者脑子里在想些什么是另一回事,但如果有严重的心理不适的表现,他就会被送到合适的专科医生那里去治疗。

医护人员几乎一点都不好奇我怎么看待自己的病情,尽管他们知道我的知觉状态:我的双手、前臂和脚部有持续刺痛,腿部也一直隐隐作痛。这种不适与肌肉撕裂或严重拉伤时的疼痛和灼热感很相似,而且跟我的躯干和腿部肌肉总是处于痉挛状态有很大关系,尽管我每天都使用大量的肌肉松弛剂。我的病情奇怪到就算现在一把小刀穿过我的腿部我也不会感觉到它,现在腿部除了刺痛和疼痛,就是麻木无感。在过去的四年里,我没有尝试走路,因为肿瘤存在的时间太长了,已经远远超过了通过治疗维持功能的临界点,我的腿甚至不再抽搐了。

有一段时间,我偶尔会试图走一下,但每一次徒劳的尝试都是对心理毁灭性的摧残和打击,令我心碎无助,很快我就不再努力尝试了。正常的健全人士如果长时间双腿被缚，动弹不得，那很快他就会被逼到崩溃的边缘了。一个身体因事故而受损的人只有不断告诉自己不幸是暂时的，心里才能好受一点。我就是被这样的心理安慰所拯救。然而，由于我四肢瘫痪的过程极为缓慢，我对体力运动的需求和冲动也日渐消退，我要行走的意愿也渐渐淡薄起来。

自从肿瘤表现出症状以来，尽管下半身的恶化速度要快得多，我的上半身功能也开始遭受一些损害：我的肺活量在减少，因此呼吸减弱；手臂和手上的肌肉组织增长减弱，可以选择的运动项目也越来越少。我的手指僵硬，变得越来越麻木，触觉也变得很迟钝。同其他的瘫痪者一样，我不得不小心热水、滚烫的盘子以及火锅，因为我会在不知不觉中烫伤自己。四肢瘫痪者的手指会向手掌内侧弯曲，这让我手部的问题进一步恶化。到了1986年的春天，这种弯曲的过程几乎让我的左手变得无用了。

除了这些生理症状，我还一直被一种深重的疲惫感所困扰——清醒着的每分每秒我都要忍受这种心力交瘁的疲惫。从我早晨挣扎着醒来，摆脱舒适的睡眠带来的安逸和遗忘，努力恢复自我意识，回归到新一天的残疾无力，从那一刻起这种疲惫就开始了。对每个人而言，每天要面对的世界都是场严峻的考验，早上8点到9点是中风和心脏病的高峰期，这绝不是偶然。对一个身患残疾的人来说，面对生活就显得更为艰难了。我想要回归世界的愿望贯穿于日常洗漱过程中，但这个过程一年比一年更漫长和无聊，现在刮个胡子都要花上15分钟。我可以在上午10点前准备好面对生活，但是到了下午四五点，我的精力与热情就要开始衰减。在这几个小时里，我教书，和学生交谈，参加会议，然后回家躺几个小时。我每周在学校待两天，最多三天，以保存体力。像大多数教授一样，我也不会让其他几天在闲散中度过。我看学生的试卷、报告和博士论文，深耕我研究领域的书籍和期刊，也进行研究和写作。作为教授的一个好处就是能让我按照我自己的节奏在家里工作，有时我还躺在床上工作。我开玩笑地告诉我的研究生，没有别的行当可以让残障人士百分百就业，有的话也必须得是份闲职！

然而，我的另一种疲倦是休息也无法缓解的。这是一种对万事万物的疲惫厌倦，一种想要从这世界脱离的欲望，想要爬进一个洞里把头蒙上的感觉。一般人都会理解我说的这种感受，因为每个人或多或少都在有些时候觉得事情繁杂到难以掌控，然后希望一切能停止，哪怕只是一时的豁免。想要试着告诉身边的所有人，还有乱七八糟的家庭、工作、社会，都见鬼去吧，我要一个人静静！谁还没说过这些话呢，哪怕只是悄悄地小声嘀咕。当一个普通人被这种情绪整天地困扰时，他的亲人朋友只会催促他去寻求专业人士的帮助，因为这些可都是抑郁才有的症状。相反地，深深受到伤害的人会长期隐藏这些冲动，有时是因为他们情绪低落，但更多的时候是他们每天都要用受损的躯体中有限的资源去面对一个充满敌意的世界。

很多人让步于这种退隐的冲动，退回到仅靠每月发放的残障补助金维持着自己的小世界，这种生活被局限在公寓的四壁之间，只能通过电视机去了解外面的世界。一位社会学家康斯坦蒂娜·萨菲利奥斯-罗斯柴尔德提出，残疾可能成为一些不满或厌倦工作的老年人退出工作的托词，是一种付出了高昂代价①的"继发性获益"②。但这并不是隔离的根本原因,它不过是充分利用了一件坏事。许多其他的残障人士每天都在积极地对抗世界,也必须持续采取防卫行动,以抵抗反向的拉力。这是一种强大的离心力,因为它通常会因为自我意识的改变而加重,而这种自我意识已经由于身体一部分的损毁被残酷地破坏了。残疾对我们来说并不仅仅是身体功能的丧失,而且是一种本体,是我们活在世界上的一种条件。

在与残疾有关的所有心理综合征中,最普遍也最具破坏性的是自尊的根本丧失。这种自我受损感的习得,被欧文·戈夫曼称之为"污名(stigma)"或"受损身份"。③在我最初坐轮椅的那几个月里,这种丧失感愈来愈大。当我1977年秋天回到大学时,它对我的打击最大。那个时候,我再也无法继续保持我只是在康复期使用轮椅的幻想,而不得不面对一个残酷的事实:我可能要在轮椅上度过余生了。轮椅已经成为我身体不可或缺的延伸,奇怪的是,我觉得这才是对我自尊心的沉重打击。

当我进入社交圈,最痛苦的自我伤害就在于一种古怪荒谬的尴尬感和自我价值感的贬低。我在人类学系的同事大多是我的老朋友,有的甚至是从本科时期就认识的,他们大多都温暖和善,支持着我,但是别的系和行政部门的同事就另当别论了。在我回到大学的第一个学期里,我参加了教授俱乐部的一些午餐会,开始意识到这净是

---

① Constantina Safilios-Rothschild, *The Sociology and Social Psychology of Disability and Rehabititation* (New York: Random House, 1970).
② 按精神分析学说,继发性获益是指以症状来摆布、操纵或影响他人而获得实际利益(《神经精神病学辞典》)。——译者注
③ Erving Goffman, *Stigma: Notes on the Management of Spoiled Identity* (Englewood Cliffs, N.J.: Pretice-Hall, 1963).

些令人紧张的场合。我认识的人不会向我的这个方向看，曾经跟我有点头之交的人也不跟我点头打招呼了，他们都忙着往其他方向看。有些人干脆对我敬而远之，就好像我的轮椅笼罩着一层阴影，这些对我来说都是不愉快的遭遇。

在几次例行招待会、鸡尾酒派对这样的聚会中，我的社会隔离感变得越来越强烈。我发现自己现在只有三英尺半高，而大多数的社交活动都发生在高于我两英尺的空间里。当我和这些站立着的人讲话时，我得抬起脖子，仰起头来看着他们。这个姿势拉伸了我的声带，进一步削弱了我本来就微弱的音量。在这种情况下交流已经变成一种极为困难的事。除此之外，在人群中我几乎被无视的情况很常见，但偶尔也会有不期而至的关心。想逃离这种断断续续的关注是不可能的，因为操控着轮椅在人群中穿梭是件很难的事。坐在轮椅上的我身材矮小，不能动弹的四肢让我只能沦为被动无助的接受者，而不是很多场合中的主动参与者。这也是行动不便者的共同诉求：他们在社交活动中的选择有限，常常必须等待其他人来找他们。这样导致的结果就是我现在只去一些小型的、能够坐着的聚会。

因为没有读过社会学方面关于残疾的文献，我没能立即发现避免上述这些尴尬的方式。但"塞翁失马，焉知非福"，由于最初受到的伤害和困惑激发了我去研究这个主题的兴趣。与此同时，我也不再参加教授俱乐部，最大限度减少与很多大学的联系。在哥伦比亚大学要这么做并不困难，因为这里每个系都像是设立了马其诺防线[①]

[①] 马其诺防线是法国在第一次世界大战后，为防德军入侵而在其东北边境地区构筑的筑垒配系。此处意指看似表面坚固，实际毫无价值的东西。——译者注

第四章 受损的自我

一样相互隔绝、独立；每个人都很忙，而且通常社交氛围不温不火，趋于冷淡。这没什么好奇怪的，因为这也是纽约城的主流精神。往好的方面想，这种同一的整体氛围让人得以平静地工作，这也让你在哥大变得孤身一人，恰好我现在比以往任何时候都更想独处。

退缩只会更加损害残障人士的主观情感，进一步降低他的自我价值，情绪进而表现为羞愧。我曾经向一位深居简出的老妇人建议，她应该使用助行器以便外出。"我永远也不会用的，"她回答道，"如果被别人看见会很丢脸。""患关节炎不是你的错。"我反驳道，我补充说明我就曾经用过助行器，并且我没有感到不好意思——当然我知道这不是真话。为什么人们都会为自己的残疾感到羞耻呢？更加不可思议的是，为什么大家都会有负罪感？我能用什么样的方式对自己的身体状况负责呢？残疾是没法归因于抽烟饮酒的——而这些是外行专家诊断时最爱找的替罪羊，它也不是某种不良的生活方式带来的意外事故。不！我并不是做了什么伤天害理的事情才长肿瘤，也没有可以预防的办法。但这种情绪在残障人士当中是很普遍的。有一位年轻的女士，先天没有下肢，她告诉我从小她就觉得很羞愧，她的父母也觉得丢脸（她的羞愧可能从她的父母那里习得）。确实，饱含愧意的相互关系正是瘫痪者家庭生活的本质，同样地，在更小的层面上，也是所有现代家庭凝聚与骚乱的中心所在。

实际上愧疚与羞耻并不是像它们通常所表现的那样截然分开，简单来说，二者都对自我造成冲击：愧疚感是对超我或道德心的攻击，羞耻来自他人的指责。这两者中，我相信羞耻感是更加强烈的。社会学家乔治·赫伯特·米德写到，个人对于他或她自己的概念是一种投射，或者更确切地说，是一种折射，就像是在游乐园的镜屋中一样,取决于他或她被他人对待的方式。[1]并且如果一个人被嘲弄、蔑视或者嫌恶,那么他的自我就会减弱,他的尊严与人格也会陷入质疑。在小规模的社群中,羞辱是一种格外强有力的社会控制手段,在那里每个人都互相熟悉,其行为也高度透明。但是在我们所生存的复杂的社会环境中,耻辱感相对就没那么突出了。在这个环境下,我们可以区分各自的生活,以一个相对匿名的方式存在着。但是轮椅是没有办法被隐藏的,它的可见性是如此残酷。在某种程度上,在轮椅上活着的人被人们所厌恶、鄙视,身体所受的伤害导致了自我矮化,而且还会随着别人的贬低而变得更渺小。

羞耻与愧疚在降低自我尊重和从根本上削弱我们对外展示的尊严方面是一回事。在我们的文化中这二者之间甚至还容易相互刺激,常见的就是错误的行为导致了良心有愧,如果这愧意为大众所知,那么羞耻也伴随而来,然后就是惩罚。从不当的行为到羞愧感再到耻辱感,最后到受到惩罚,这是一条完整的因果链。神奇的一点在于残疾完完全全地逆转了这整个过程,然而又保留了每一个步骤。躯体受损的人先是迎来了惩罚的结局(伤残),再是羞耻,接着是愧疚,最终发展到负罪。但这不是真正的"罪",而是潜藏于我们恐惧与幻想中的自欺欺人,是在心头挥之不去而又难以言说的问题:我们做了什么竟然落到如此地步?

在这因果倒错的混乱世界里,惩罚——这是下意识对残疾的理解——招致了罪果。一切就这样发生了,尽管事实是个人无论怎样

---

[1] See George Herbert Mead, *Mind, Self and Society* (Chicago: University of Chicago Press, 1934).

也不该为他的残疾状况负责,真正该负责的却脱离了干系。身体受损变为愧疚的这种演变过程正是弗洛伊德的俄狄浦斯戏剧的一个巧妙倒转。根据神话的精神分析学解释,俄狄浦斯在不知情的情况下杀其父而娶其母,因此造成他的罪孽深重,命运又鬼使神差地促使他前往科罗诺斯(Colonnus),在那里他刺瞎了他自己。目盲就好像是被阉割了一样,当然,弄瞎他的眼睛也是对乱伦的恰当处罚了。

根据弗洛伊德所言,在男性社会化过程中,来自父亲的阉割威胁——尽管只是想象中的威胁——会迫使孩子压抑并放弃想要占有母亲这一充满负罪感的欲望。然而应该指出的是,在神话中父亲并没有弄瞎俄狄浦斯,是他刺瞎了自己。我们讨论希腊悲剧时常常会遗忘的一点是,父亲从预言者那里听闻他的儿子有朝一日会杀害他之后,就弄残了年幼的俄狄浦斯。事实上,俄狄浦斯这个名字可以被译为"肿胀的脚",或者更轻率些,就是"瘸子"。

残疾也是一种惩罚,就像民族志中描述的因为乱伦而致盲的惩罚一样。在我自己的田野调查中,记录了这样一个蒙杜鲁库神话。一个男子与他的代孕母亲①乱伦,而后这名女子的丈夫——一位神明,把他的身体变得残疾扭曲,之后又致他目盲。在西非,也有类似的传说。其中有一个以名叫道格娃(Dogwa)的女妖信仰[在摩洛哥,这个女妖被称为爱莎·金迪莎(Aisha Kandisha)]。道格娃对她的信徒而言,既是抚育者又是具有性诱惑者,她是母亲也是情人。作为母亲的角色,她可以为其追随者带来财富;但是在作为

---

① 根据非洲存在的代孕婚姻的习俗,若女子不育或早亡,其家人可以代替她为男方生育,https://en.wikipedia.org/wiki/Surrogate_marriage。——译者注

后一角色时，她会嫉恨地报复背信不忠的行为，相应的惩罚也正是致残或致盲。值得注意的是，在这里父亲的形象并不涉入其中，取而代之的是善恶兼备的母亲，既是生命的给予者与抚育者，也是生命潜在的毁灭者。乱伦，乃至于对此潜意识的欲望，都是一种危险的游戏，我姑且大胆猜测，那种常常折磨着残障人士的无意识的、弥散的枯萎不正之感，最初是发源于一种荒诞不经的认识，认为残疾是作为对这被压抑、难以捉摸的禁忌欲望的惩罚。也许不存在"原罪"这种东西，但是原初的负罪感潜藏于所有人类思想黑暗的深处。这些我们原始之爱的余烬，是组成那模糊不清，难宣之于口而又萦绕于胸怀的感受的基质——瘫痪的降临[①]是一种赎罪的形式，是以严苛苦行来忏悔。

　　瘫痪性的残疾构成了一种更为直接和完全自然的阉割。对于男性而言，身体的衰弱与萎缩威胁到了所有男子气概的文化价值：力量、活力、速度、性能力、耐力和毅力。许多残疾的男女都试图通过参加竞技体育来弥补自己的缺陷。下肢瘫痪的人打轮椅篮球，参加赛跑、马拉松、举重等多项体育活动。那些年纪太大或因重度残疾而无法进行体育展示的人，反而可以通过成为"超级旅行家"来展现他们的能力。就像所谓的"超级妈妈"，要每天早晨外出工作，晚上要做好"蓝带"[②]级别的大餐，陪孩子们玩耍，安顿孩子们安寝后又摇身一变成为惹火的爱人；"超级旅行家"也要比其他人更努力，到处旅行，去各种地方，参与沿途的一切活动。他用这样的方式表

[①] visitation有"显现"的宗教意味，故译为"降临"。——译者注
[②] 比喻特级厨师。——译者注

明他与所有人是一样的，甚至可以做得更好。

不过，要成为"超级旅行家"也好，"超级妈妈"也好，这往往依赖于非常幸运的环境而非个人的素质。拿我自己举例，我残疾的时候在事业上已经颇有建树，所以我要做的事仅仅就是坚持下去。真正的"超级旅行家"是那些完全在身体受损后才开始开辟他们事业的人，比如有位女士患上了麻痹性多发硬化症，在病情得到稍微缓解之后继续完成了学业，获得博士学位。她不愿意让残疾毁掉自己的未来，还有很多像这样的人。但是，就像"超级妈妈"一样，她们终究还是少数。就像我们看到的那样，大多数人还是不能克服巨大的身体和心理障碍，活在社会的边缘，像个局外人一样被生活折磨着。

脊髓方面的顽疾会进一步破坏男子气概，除了瘫痪，通常还会导致某种程度的阳痿或性功能障碍。由于脊髓受到了一定程度的损伤，麻木的生殖器官不会向大脑发送信号，大脑中掌控欲望的系统也不会让信息传递到生殖器官，无法产生勃起这一生理过程。这样就可能导致完全的和永久的阳痿、散发性阳痿，或难以维持勃起到高潮。也有一些下肢瘫痪的男性，他们可以保持勃起，但即使稳定性交半个小时至一个小时之后，也无法达到高潮。这对男性心理的影响是十分深刻的。我们通常认为"阉割焦虑"是一种恋母情结，但在阳痿的情况下，有这样一种象征性的阉割，它在所有男性中产生了一种存在性焦虑。① 所以，在那些男性价值观最为强盛的地方，

---

① 海德格尔1927年在《存在与时间》一书中，介绍了存在主义的思想；一种个体与公众之间的张力；强调人类思想和理性的世俗性或"在场"的情境，一种对焦虑、死亡、"无"和"虚无主义的阈限体验的迷恋。——译者注

阳痿是一个大问题，这并不足为奇。美国新兴性自由风潮下强调女性的满意与男性的表现，因而产生了一大批阳痿的男性，这也不是巧合。毕竟，要做一个男人并不是仅仅有一个阳物就可以了——它意味着要拥有一个对性有用的阴茎。这方面有任何欠损都是一种形式上的阉割，尽管我只是在用这个耸人听闻的弗洛伊德学派术语来比喻性与社会权力的丧失。

大多数的下肢瘫痪与四肢瘫痪都会造成男性阳痿、女性无法达到性高潮。但是下肢瘫痪的女性不需要被唤起性欲或者体验高潮的快感就可以性交，因此许多人经常纵情于性交，甚至剖腹生子。弗洛伊德告诉我们，人类的性行为是多相变态的，这意味着整个身体都可以被唤起情欲，性的乐趣也是多样的。下肢瘫痪的女性声称，她们从性行为本身、从对身体其他部位的刺激，以及她们仍然能够给他人带来欢愉的认知中获得心理上的满足。相较于残疾之前，她们从性行为中获得的生理满足可能更少，但她们仍然是主动的参与者。男性在解剖学意义上的局限就要大得多，除非进行外科植入手术来模拟勃起，不然这些男性无法再参与生殖器性交。他只能成为一个禁欲者或者进行口交，或者采用我们这个善于创新的物种所发明的许多其他的性表达方式。但不论是哪种选择，他作为男性，其地位的受损程度都要远远超过同等情况下女性地位的受损程度，他实际上已经被"阉割"了。

即使在那些下肢瘫痪的男性仍然有性能力的情况下，在性行为中他的立场也会改变。大多数男性必须在性交时仰卧不动，而由女性来骑乘和插入。在现代美国，这是一种可以接受和选择的姿势，但在其他一些文化中，这种姿势被认为是对男性支配地位的侵犯：

传统社会中男人在社会上处于主导地位，所以毋庸置疑，他们在性交中也必须居于上方。即使是在相对开放的20世纪80年代的美国，男性通常也扮演着更主动的角色，占据着上方的位置。但是下肢瘫痪的男性，不管是参与生殖器性交还是口交，通常都扮演着被动的角色。大多数瘫痪的男性接受这种缺陷，因为他们发现激情的源泉是在大脑中，而不是在双腿之间。即使没有性高潮，快乐也是可能的。一名男子说，他们现在仅仅只保持口交了。在一场车祸导致他瘫痪和阳痿之前，他和妻子一直有着强烈的性爱关系。妻子达到极致的性高潮满足，丈夫获得深层的心理愉悦，他称之为"精神高潮"。然而，大多数瘫痪男性的性生活仍然是一种普遍的被动和依赖的象征，这种被动和依赖涉及他们生存的方方面面，与要求彰显主导、活跃、主动和控制特性的男性价值观背道而驰。

残障人士的日常性生活问题因为大众的偏见而更加恶化，这种观点认为残障人士要么具有邪恶的性行为，比如像好色的侏儒一样；要么更常见的是完全无性行为，这一特征也经常被归于老年人。我怀疑这些错误的观念是由于持这种观点的人的性焦虑而引起的，他们并没有意识到大多数残障人士和健全的人有同样的欲望，而且也同样有能力表达这些欲望。脊髓损伤会引发一些特殊问题，但是患有脑瘫、小儿麻痹症的后遗症和许多其他疾病的运动障碍者常常可以有几乎正常的性生活。这种无性观有时也会被归因于盲人，这更凸显了这种观点的完全非理性。

鉴于这种无知想法的盛行，1985年，我得知教育电视频道要播放一部关于残障人士性行为的影片时感到非常高兴，并且专门去看了。在影片的开头，屏幕上出现了一个警告，说会有裸体镜头，这让我开心地期待着会展现出一个下肢瘫痪或者四肢瘫痪的人在做爱的场景。

然而，实际情况却并不是这样，唯一出现的几个裸体看起来都是很健康的年轻女性。而为了对比，大多数出镜的残障人士的外形都严重受损。这是一部现代版的《美女与野兽》，是一部致力于使偏见长存，而非推翻偏见的电影。制片人的意愿是好的，但他们没有触及问题的深度。这部电影让我想起，当一位年轻女性开始研究下肢瘫痪的人时，一位女性朋友问她："你不会和他们中的一个上床，对吧？"这才是真实的原初场景。

西格蒙德·弗洛伊德对我们这个时代的不朽贡献之一，就在于他反对古典哲学中将精神与身体分离。相反，弗洛伊德从一种本能理论出发，认为人类的大部分动机和思想都是基于身体的需求，尤其是性冲动。然而这并不是简单的单向机械决定论，因为弗洛伊德的理论认为因果关系是双向的。人类的思维也通过象征符号的能力去触及和接纳身体，让身体成为思维的一部分，就像思维是身体的一部分一样。身体，尤其是明显的性敏感区，融入人类的思想，融入人格结构中，思维用代表着快乐和欲望的性符号来塑造一个人对世界的定位。性就此入侵思想，但也被思想强化和转化。因此，失去双腿或丧失其他重要功能，也是对思维完整性的侵犯，是对人格的破坏，是对权力的损害。

身心统一也是现象学哲学的重要组成部分。这一学派起源于20世纪早期埃德蒙·胡塞尔的论著，他回避了"我们如何认识世界（或现实，或真理）"这一古老的哲学问题，认为世界就是我们所创造的世界，它是在意识与经验的流动中被创造的。我们体验和理解现实的方式在很大程度上是由语言范畴和文化象征塑造的,通过这些语言范畴,我们可以分辨出该把什么看作是真实;通过文化符号体系,我们可以在纷乱的感官冲击中找出重要的、有意义的东西。那么,现实就并不是固定不变的,它对每个人都是一样的东西,是一种共识,一种社会建构,它必须在我们与他人的所有互动中得到再次确认和创造。从相对论的角度来看,人们理解世界的方式是,不同文化的人所处的现实环境有所不同,就像相同文化的人生活在完全不同的环境中一样——例如,不能行走的人。

法国哲学家莫里斯·梅洛-庞蒂在他1962年出版的《知觉现象学》一书中指出,我们理解和建构世界的出发点是身体。[1]这超越了我们的知觉是身体的一部分这一显而易见的事实,因为他强调身体的景观——无论是鲜明的还是含蓄的,都是我们将自己置身于环境中并体验其向度的手段和视角。正如西蒙娜·德·波伏娃所说,身体不是独立于意识和它所处的世界的一种实体,身体也是将外部世界和思想连接到同一系统的一组关系。梅洛-庞蒂通过"幻肢"现象说明了这一点,幻肢是指截肢者仍然拥有失去的手臂或腿的幻觉。他写道:"我们拒绝肢体残缺、残废,是因为有这样一个献身于物质世界和人类之间的世界的'自我(I)'(这是梅洛-庞蒂强调的),他不顾残疾和截肢继续融入他的世界,(甚至于到了)**在原则上不**[2](公开和坦然)承认残疾的程度。"[3]残障人士失去的不仅仅是一部分肢

---

[1] Maurice Merleau-Ponty, *The Phenomenology of Perception* (New York: Humanities Press, 1962).
[2] "理论上是……一回事"与"事实上是……一回事"相对。——译者注
[3] Maurice Merleau-Ponty, *The Phenomenology of Perception*, p.81.

体,他还失去了他与世界在概念上的联系之一,这是他生存的根基。

人类学家盖尔亚·弗兰克(Gelya Frank)曾写过一部女性的生活史,讲述了一个生来没有四肢的女性是如何"具象化"自己的身体,如何在成长过程中接受了自己的处境,培养了自爱。弗兰克把她看作是米洛的维纳斯。就像那座雕像一样,她缺少四肢,却因此而异常美丽。具象化对于那些生来就有缺陷的人来说是一个问题,但至少他们可以从婴儿期就开始适应他们的缺陷。换言之,大多数下肢瘫痪和四肢瘫痪的人都是因为被"一支命运的毒箭"射中而改变了命运,他们面临着一个与众不同的问题——他们必须重新具象化自己的缺陷。如果身体功能严重丧失,他们甚至可能会变成一副空的躯壳。

我自己对"灵肉分离"的感觉,有点类似于奥利弗·萨克斯在《误把妻子当成帽子的男人》[①]一书中讨论的"没有形体的女士"克里斯蒂娜。由于对抗生素药物的过敏反应,克里斯蒂娜失去了身体的所有感觉——她丧失了本体感觉能力(本体感觉是一种微妙精细的、潜意识的反馈机制,告诉大脑身体及其各部分的位置、紧张和总体感觉)。正是这种"第六感"使得运动协调成为可能,没有它,说话、走路,甚至站立,几乎都是不可能的。同样地,我也不知道我的脚在哪里,如果不是还能感知到轻微的疼痛,我几乎都不能相信我还有一双腿。事实上,我所患有疾病的早期症状之一就是当我摸黑脱裤子时,可能会失去平衡,这在我喝酒的那段日子里经常发生。然而,克里斯蒂娜的麻烦不同于那些瘫痪的人,她的残缺更为

---

① Oliver Sacks, *The Man Who Mistook His Wife for a Hat*, pp.42-52.

彻底。此外，她在还能活动的时候就没有知觉了，她只能借助视觉来协调自己的肢体动作。四肢瘫痪的人必须看着他们在做什么。有一次我把手里的饮料弄洒了，是因为我的手腕动了，但我的大脑还没有反应过来。但如果瘫痪者本体感觉功能像克里斯蒂娜那样完全丧失的时候，他的肢体也不能再动弹了，这种情况也就没有意义了。

我也变得在情感上与自己的身体相分离，经常把自己的某个肢体称为"那条腿"或"那条胳膊"。那些经常帮助我的人也陷入了这种困境（"我来托住这条胳膊，你抓着那条腿"），好像这样去人格化就可以弥补对我个人空间的无法忍受的侵犯行为。瘫痪者习惯了被抬起、转动、推、拉、扭等动作，他通过在自己和身体之间设立的情感距离而生存下来，其他人也为这个距离做出了努力。我清楚地记得，1976年我从神经外科转回后，我的床单上别了一张纸条，上面写着"请勿从胳膊抬起"。我弱弱地建议护士再印一个写着"此面朝上"的纸条。

随着我病情的恶化，我越来越把自己的身体看作是一个有缺陷的生命支持系统，它唯一的功能就是维持我大脑的运作。这有点像一部老科幻电影《多诺万的脑袋》（*Donovan's Brain*），片中有一个颇为邪恶的大脑被养在一个装有神秘电线和导管的罐子里。墨菲的大脑连在一个身体上，这个身体在手臂和肩膀下方没有任何运动或触觉，身体的功能主要是为血液供氧、吸收营养和排泄废物。在这些能力中，没有一样算得上是运作良好。我对这一困境的解决方案是彻底与身体分离，一种身份的虚无化。也许我在这个过程中成功适应的一个原因是，我从来没有为自己的身体感到骄傲。我身高中等，骨瘦如柴，应变能力不强，没有什么值得瞩目。但这并没有使我太烦恼，从少年时代起，我就开始培养自己的智慧。对于一个崇尚运动风格的男孩或女孩来说，会沉湎于约会和求爱的精神愉悦，但对我却完全是另一回事。

那些身体某些部分功能丧失的人学会了开发身体其他部分的功能。比如盲人对声音的感知很敏锐；四肢瘫痪的人无法拿起沉重的电话簿，但却有着非凡的记忆电话号码的能力。但从根本上说，四肢瘫痪者不能再用身体的"无声语言"来表达一种情感或概念，而这些情感或概念在普通语言中是很难表达的，因为思维和运动之间微妙的反馈回路已经被打破。他们不能再用手势和身体姿势来传递信息了，用身体语言清晰有力地表达思想的能力被削弱了。也许正是因为这个原因，写作几乎让我上了瘾。因为在写作中，我的思想和精神融合成一个系统，与我手的动作和打字机的反应相协调。更为显著的影响是对于我的存在状态，大脑的思维活动不再被分解为动作，心灵也不会在与身体运动的内部对话中迷失。这使得一个人在孤寂的独角戏中飘荡，内心的独白无休无止，而且常常没有主题。在沉思、冥想、引诱和无休止的思考中，意识被超越和吞噬，只有活动、吃饭和睡眠才能使它得到解脱。

我的思绪和想要活着的想法又回到了脑海中，这是我触摸和把握世界的基础，这比以往任何时候都更加重要。许多瘫痪者说，他们不再感到自己依附在身体上，这是梅洛-庞蒂所谓的身心系统崩溃的另一种表现方式。但是它也有一些积极的方面。正如一位人类学家可以长期而深入地研究另一种截然不同的文化，从而以更好的视角了解自己的文化一样。我长期困于残疾问题，不管喜欢与否，这都给我带来了一种距离感,远远超出任何一次旅行可能获得的感觉。我现在多多少少与美国文化有一定的距离,在很多方面我成了一个"他者"。这样的疏离转变成一种更强的驱动力,驱使着我希望洞穿文化差异的表象,达成对所有人类经验潜在统一性的理解。

与其他人相比,我空洞的思想显得十分粗糙。双目失明的弥尔顿在《失乐园》中描绘了天堂的广阔景观;贝多芬则创作了第九交响曲,尽管他已失聪;还有现在的世界顶尖的宇宙学家之一,剑桥大学物理学家史蒂芬·霍金,通过夸克和黑洞,穿越了时间与空间,直至宇宙初生之刻。这些都是思想的遨游者,因为霍金身患晚期肌萎缩侧索硬化(俗称"卢伽雷病"),这使得他仅有一只手可以小幅度运动,说话的声音大小也无法超过耳语。然而,世上并没有太多的弥尔顿、贝多芬和霍金。对于不小心失误跳进浅水里而导致四肢瘫痪的20来岁的人来说,这些例子可能只是一个小小的心理安慰。对大多数残障人士来说,这并不能对身心协调性的丧失有任何补偿。

许多年前,在我成为残障人士之前,我曾和我研究生时代的朋友,一位黑人人类学者聊起种族的话题。这位朋友说:"我总是想着自己是黑人,就像你总会想着自己是白人一样。"我对此表示抗议,说尽管我在和黑人交谈时确实认为自己是白人,但在其他时候,我并不会有意识地对自己的肤色有所关注。当时我的朋友不相信我的话。但就我的观察而言,我既没有说错也没有被误导,因为我的确是在白人的世界里长大,并且现在仍然生活在白人的世界里。

白色人种被认为是理所当然地作为标准,也成为事物通常秩序的一部分。我住在白人社区,乘白人的军舰出海(除了军官的服务员是黑人),在白人的学校就读(我在洛克威海滩114号的八年时间里，那儿没有一个黑人学生）；我所从事的这一职业中，依旧有95%的白人。当大部分与我有联系的人都是白人时，还需要考虑我的白人身份吗？喜剧演员马丁·穆尔（Martin Mull）曾做过一档名为《美国白人的历史》的电视节目，这是一个滑稽的标题，因为它的冗余信息破坏了逻辑。白色就是常态，这就是语言人类学家所说的"无标记范畴"（unmarked category），即在一个类别中占主导地位的词，抗拒与该类别中的其他词形成对比。这就是为什么我不会对自己是白人再加以思量的原因，就像我不会考量自己是用两条腿走路一样。

在我残疾之前，我是一个标准的白人（White）、盎格鲁-撒克逊族（Anglo-Saxon）、持不可知论的男性（Agnostic Male）（简称WASAM），是主流社会的一员。我出身于爱尔兰天主教的"伪中产阶级"，这让我在学术生涯中有点不自在，但我从未过多考虑过我身份的其他背景。而迫于白人社会的现实，我的那位黑人朋友总会考虑到自己是黑人。这是他抵御怀有敌意的环境的第一道防线，因为他的身份面临着"四面楚歌"的境地。同样的道理，从我第一次坐上轮椅到现在，我身体残缺的事实也是我一直有意考虑的背景。虽然我可能会忙于各种各样的事情，但它却像一道阴影，在我心灵的角落里徘徊着，等待着，就像个幽灵一样随时准备跳出来占据我的大脑。我也获得了一个四面楚歌的身份，一种"我是谁"的感觉，一种不再被我过去的社会属性所支配，而是被我的身体缺陷所支配的自我意识。

残疾的污名和其他形式的折磨之间一个更有趣的相似之处在于对命名的敏感。今天人们必须把"黑种人"（Negro）称为"黑人"

(black),这个词在40年前是侮辱性的,在当时礼貌的叫法是"有色人种"(colored)。同样地,"女士"这个词现在被认为是带有荣光恩宠的,而"女孩"这个词似乎只适用于青春期前。因此,许多坐在轮椅上的人对"瘫痪"这个过于直白的词感到反感也就不足为奇了。我也听说过关于"有生理缺陷者"(handicapped)和"残障人士"(disabled)这两个词的相对意义和道德的激烈争论。像"瘸子"(crip)和"跛子"(gimp)这样的词,是禁止用在身体健全者身上的,尽管残障人士之间会使用它们。那些被认为是种族贬抑的词语用法也一样。我把"有生理缺陷者"和"残障人士"当作同义词,因为我发现,在关于这些词汇的辩论中有趣的不是词义的不同,而是辩论本身。它揭示了一种反对贬低的防御立场,这种立场几乎从不松懈,它证明人会持续不断地意识到自身的缺陷。在这个过程中,甚至关于残疾的词汇也变得很情绪化。所以人们很难选择对残障人士的用词,而且他们也不确定该用什么词,这使问题变得十分复杂。

　　自我患病的这些年以来,我从未有意识地问过自己:"为什么会是我?"我觉得这是个愚蠢的问题,仿佛在假设宇宙中根本不存在某种目的和方向一样。我的观点有些宿命论色彩,这种态度实际上容易让我尽可能地从生活中获得快乐,虽然只是尽可能的。但是,尽管我可能不会为自己的缺陷闷闷不乐,但它总是在我的脑海中以若隐若现的形式出现,我相信所有的残障人士都是这样。它(残疾)是我制定计划和项目的先决条件,也是我所有想法的首要前提。就像我以前对于身体的体验感仍然被认为是理所当然的、积极的、无意识的,我对去身体化的感觉是心有疑惑的、消极的、有意识的。我的身份认同已经失去了它稳定的停泊之处,而变得仰赖于身体上的缺陷。

  这种对身体缺陷的强烈感觉甚至侵入到了我的梦里。在我刚刚变得残疾那会儿，我还能勉强继续行走。在我那时的梦里，依然保留着健全无瑕的形象。但是在我失去站立行走能力的几年后，就发生了奇怪的变化。在每一个梦里，我可以无所顾忌地行走或运动的事情，通常都发生在危险的地方。很显然，我从来不会是坐在轮椅上的。有时候在浪大风急的海面，我能攀上那高高的桅杆——这是我早期的梦中化身偶尔会做的事；或者我会在一架梯子上，正在粉刷房屋。但是在梦境的中期，在意识到我不能行走的那一刻，我就会摇摇晃晃地跌倒了。这个梦完美地演绎了力量的失去，让我意识到大多数人潜意识里害怕的事情确实在我身上发生了。在其他的梦境中，我只是漫无目的地行走，忽然就会想起我的残疾。有时我也会坐下来，但通常只是茫然地站立着，直到醒来，梦境消散，看到房间的一切后回到现实。我的瘫痪不是一时的事——就像卡夫卡的《变形记》里的格里高尔·萨姆沙一样，苏醒之时即入梦魇。但是也许相比起我梦境的内容，更为重要的是，自从1978年以后，我一次也不曾梦到过其他东西了。即便于睡梦之中，残疾也维持着它对心灵的专横统治。

  严重的身体损伤对思维意识的整体影响，以及它在潜意识中的牢固植入，使残障人士比任何社会角色都更能认识到自己是谁，这是一种身份——甚至胜过年龄、职业和种族等关键因素。这些因素都可以被操纵，被中和，被悬置，并且在彼此之间可以相互协调。此外，每种角色都可以在不同的观众面前扮演，让我们拥有多样的生活。然而，残疾是无所遁形的。严重的残疾可以淹没对社会地位的所有其他要求，使生活中的所有成就、其他社会角色，甚至性别都退居次要地位。残疾不仅是一个角色，它更像一种身份，一种所有社会角色都必须为之让步的支配性特征。就像瘫痪者的思绪难以摆脱瘫痪的阴影一样，社会也不会让他忘记伤痛。

考虑到这种自我攻击的严重性，就可以理解，残障者个人生活的另一个主要组成部分是愤怒，①它如此分散而微妙，如此被精心地掌控，以至我只有通过写这本书才意识到这情绪存在于我的内心深处。残障人士的愤怒有两种形式：第一种是存在主义的愤怒，是对已为定数之命运的深入骨髓的怨恨；另一种是为了抵抗命运而发出的声嘶力竭却徒劳无用的怒吼。由无意识的羞耻和内疚所产生的自我憎恨助长了这种情绪，它与美国黑人的愤怒有着非常相似的地方。就像在黑人中一样，他们表现出对主流社会的敌意，然后是对同类的敌意，最后变成了对自我的攻击。这是一种极具毁灭性的情绪。就我自己而言，我之所以能逃离最糟糕的具有报复性的情感，只是因为我的病情发展如此之慢，以至我能够在心理上适应它。而且我的年岁已长，足够明白自己只是一个统计量，而不是一个完美阴谋的受害者。尽管我缺乏这方面的确凿数据，但我怀疑，在那些突然残疾的人和年轻人当中，愤怒情绪要猛烈得多，因为他们的残疾发生得太突然，以至来不及消化吸收，就已经使他们整个人生都为之黯然。

另一种情绪是一种情境性的愤怒，是对挫折或受到的糟糕待遇的反应。我对这种愤怒太有发言权了。瘫痪者不能移动他的腿，难以行走时，很可能会发怒。比如瘫痪者可能会因为用僵硬的双手拿

---

① See Siller, "Psychological Situation of the Disabled."

起一杯咖啡时,失手洒到膝盖上,倏尔爆发一场大怒。我不得不放弃意大利面,因为我再也不能用叉子卷面了,晚餐也会被我弄得乱七八糟。这会使我心烦意乱,失去食欲。或者,我可能会花一分钟左右的时间试图从桌子上拿起一张纸或翻一页书,但却没法做到。这对大多数人来说不过举手之劳,但对我来说却是个重大挑战,因为我的手指已经失去了力量和灵活性。这样的挫折每天会发生在我们这种残障者身上好几次。它们虽然微不足道,但是却能积少成多,而且它们从隐于表面之下的更普遍的存在中,让愤怒积聚了特殊的强度。

残障人士愤怒的种类和致命程度差异很大,因为每个人都有不同的过去。但依我的印象,残疾的深重程度和类型是至关重要的。残疾的程度明显地影响着存在性和情境性愤怒,但愤怒似乎在患有沟通障碍者(主要是聋哑、脑瘫和某些类型中风的人群)中最为强烈。我们大多数人都曾经见过,言语障碍患者竭力向饱受折磨的听众传达自己的意思时,所遭受的显而易见的痛苦。无怪乎聋人会形成与外界泾渭分明的小群体,或者他们偶尔会对那些能听能说的人爆发出公开的敌意。

残障人士的愤怒首先源于他们自己的身体机能缺陷,但正如我们看到的,他们与健全者世界的互动加剧了这种愤怒。他们每天都遭受冷落、回避、居高临下的态度,偶尔还会遭受残酷的对待。即使这些都没有发生,他们有时也会想象自己受到了冒犯。但无论不满的来源是什么,残障人士表达不满的方式都很有限。四肢瘫痪的人无法因为强烈的愤怒(或者消沉)拔腿就走,甚至不能使用肢体语言。更糟糕的是,作为正常的关系所要付出的代价,他们必须让别人对当下的处境感到舒适。他们不能表现出恐惧、悲伤、抑郁、性欲或愤怒，因为这会使身体健全者感到困扰。肢体不健全者只被允许露出笑容。其他的情绪，包括愤怒和敌意的表达，必须要密封好、牢牢压制住，只允许在家里这个后台慢慢酝酿或释放。在这里，我释放了一天中大部分的沮丧和愤怒，这让尤兰达非常恼火。然而，我从不向她发泄偶尔会感到的绝望和不祥之兆，我甚至很少对自己表达。至于对这世界上的其他人们，我必须表现得坚定乐观，以保持他们对自己免于灾难的信心。愿您过得快乐！

综上所述，从我自己的经验和研究，以及其他人的工作中，我发现残障人士在意识方面有四个最深刻的变化：自我贬低的自尊，残障在思想上的侵入，暗潮汹涌的愤怒，以及一种全新但不受欢迎的身份的获得。我只能把这种情况比作一种奇怪的"异形入侵"，外来入侵者和以前的占领者在同一具身体里敌对又共存，这也是一种完全意义上的变形。我在医院里的某天早晨，一个护士正在给我洗澡，突然被另一个护士叫走了，因为她需要去帮助移动一个患者。"我马上就回来。"护士离开时说，所有住院的人都明白这只是一个美好的期盼。她把我留在那儿仰面躺着，没有呼唤铃也没有电视遥控器，门关着，她离开了有半个小时。不知道她是不是忘记了我，我试着侧过身去够到门铃，但我已经四肢瘫痪了，尽管尽了最大的努力，也没能做到。我最终放弃了，并且马上被一种幽闭恐惧的慌张所笼罩，感觉为自己的肉身所困，动弹不得。然后我想到了卡夫卡的大虫子，它左右摇晃着，摆动着它无用的腿，试图翻过身来——我第一次理解了这个故事。

在这一章的开头，我曾提到了孤独感，那种想从社会中退缩到自我内心深处的渴望,这种渴望侵入了残障人士的思想——我把它部分归因于身体的极度疲劳,伴随着身体的虚弱和外部世界带来的巨大物理障碍。但是,还有其他因素也造成这种想要退缩的冲动。个体从他原有的、精心照顾的、严密的自我保护机制中疏离,取而代之的是一个新的、异质的、不受欢迎的身份。并且,由于此种双重机制的运作,他也为别人所疏远:由于他自我贬损的形象,有一种从旧时的交往中退缩到隔绝社会的倾向。而且,仿佛与这次退却达成的秘密合作一样,社会——或者至少是美国社会——帮了大忙。

残障人士的身体和情感隔离往往是戏剧性的。有一个四肢瘫痪的已婚男人,是两个孩子的父亲,告诉我们他从不出门,也没有人去他家,甚至他孩子的朋友也不去。他承认对自己的处境感到羞愧。我当时一下就惊住了,这与我的家庭多么相似啊。我们遇到另一个四肢瘫痪者,通过一个允许在家学习的项目上了大学。尽管他能够在别人的帮助下离开自己的家,但他从来没有这样做过,学院来的教师必须在他家里见他。他曾尝试着走出这种困境,但还没有完全准备好。许多残障人士把他们的孤立归咎于一个充满敌意的社会,通常他们是对的。但是也有一股强大的力量将他们从这种处境中拉出来,这是一种我一生都能感受到的冲动,一种向心力,一种构成我们人类情感的独特力量。我们的生活是建立在不断斗争的基础上的,一方面我们需要接触他人,另一方面我们又渴望回归自我。在残障人士中,这种内在的吸引力变得强有力而不可抗拒,鲜明地勾勒出一种通常只能被模糊感知到的人类意愿和倾向。

有一天,当我在倾听同事凯瑟琳·纽曼(Katherine Newman)递交的一篇论文时,我清楚地意识到我的调查具有普遍性。纽曼一直在进行一项重要的研究，即对四组遭受严重经济损失的人的调查：离婚妇女、1981年罢工后被解雇的空中交通管制员、下岗的蓝领工人和长期失业的中层管理人员。从对这四个群体的调查中，纽曼总结出了一种模式。所有人都经历了深切的失落感，并经历了一段"哀悼"时期，这与遭受过严重创伤的残障人士的情况非常相似。他们的抑郁感因自卑而加重，而离婚的人则因性能力不足而更加突出。这四个小组的大多数成员都有一个共同的想法，那就是他们对损失负有某种责任，他们作为一名应该有所贡献的社会成员失败了。他们感到自己应受谴责，即便很明显他们是客观经济环境的无辜受害者，他们的感受也是如此。在这一点上，美国的成功意识形态，结合了加尔文主义的残余，把本应针对社会体系的愤怒转向了自我。随着他们的罪恶感而来的是耻辱，纽曼的调查对象经常屈服于这种情绪，他们的社会关系急剧减少。这种情况往往因社会倾向于谴责受害者而得到加强，他们的自我谴责会与他人的谴责相结合。而对受伤害的个人来说，不论是他还是他的家人，都会觉得丢脸，所有人都倾向于回避，好像瘟疫就要发生在他们身上。

社会心理学家对失业造成的心理创伤已经研究了50多年了，但纽曼的精彩论述生动地说明了经济受损和身体残疾之间惊人的相似之处，即自我受损的共同后果——身份的丧失。这是对经济地位在美国的重要性的一种评论，即向下流动造成的社会和心理后果与身体残缺的后果是一样的。在这一点上值得注意的是，身体残疾对社会和情感的破坏往往因个人生计的丧失而被放大。我自己的情况是个罕见的例外。

纽曼的大多数研究对象最终都会回到某种经济好转的可行性上

来，而在这里，他们与残障人士分道扬镳。对残障人士来说，一些更有毁灭性的事情已然发生了。残障人士的心灵发生了转变，由社会的冗余变成了一种准人类的东西。仅仅几个月的时间，我就巧妙地从社会的中心地带转移到了边缘地带。我获得了一个取决于我身体缺陷的新身份，这要么损害了我先前对人格的要求，要么从根本上改变了我先前对人格的要求。在我中年的时候，我变成了一个低能儿，这是大多数残障人士的命运。他们受到身体疾病的折磨，这种疾病转而成为心性上的"癌症"，由此社会关系也会出现病态。他们在世界上生存的基本条件发生了转变，他们在本地做了异乡人，甚至成了流亡者。

第五章

相 遇

> 身体本身在世界中，就像心脏在机体中；身体不断地使可见的景象保持活力，内在地赋予它生命和供给它养料，与之一起形成一个系统。
>
> ——莫里斯·梅洛-庞蒂
> 《知觉现象学》[1]

新近瘫痪的残障人士以残缺的身体和崭新的身份面对世界，这本身会使他重返社会的道路变得微妙而力所不及。他的未来，会因为那些来自正常人，包括他的一些老朋友和旧相识，甚至他的家人的态度而变得更加渺茫。尽管这会因人而异，但在美国及其他许多国家，对残障人士的偏见和对他们社会地位的贬低已经司空见惯。最极端的表现是对他们的回避、恐惧和赤裸裸的敌视。正如欧文·戈夫曼1963年在他的著作《污名——受损身份管理札记》中写道，残疾人与有犯罪前科的人、某些少数民族和种族的人、精神病患者等一样，[2] 都处于一个较低的社会地位。无论残障

---

[1] 译文出自姜志辉译《知觉现象学》，商务印书馆2001年版。——译者注
[2] Goffman, *Stigma*.

人士如何看待自己，他都会被社会赋予消极的身份，而他大部分的社会生活都是在与这种被强加的形象搏斗。所以我们认为，与其说污名化是残疾的副产品，不如说是其实质。一个人要想充分参与社会，最大障碍不是他的身体缺陷，而是社会所附加的一系列虚构、恐惧和误解。

要理解为什么会这样，就有必要思考一下美国文化的一些核心主题，特别是人们对身体的态度。身体在美国的象征主义中如此重要，以至我们大多数人，包括人类学家，都没有意识到对身体的关怀和养育已经从实用主义变成了一种盲目崇拜，这也不仅是过去十年的现象。1956年，人类学家霍勒斯·米纳写了一篇精彩的、半开玩笑的文章，描述了一个他称为"加利美亚人"（Nacirema，American的倒装拼写）的民族。[1]米纳非常精准地将浴室描述为一个宗教中心，在那里，居民们举行仪式，沐浴，崇拜美丽的身体。从那时起，毫无疑问作为我们文明巅峰的卫生间，已经发展得更为意义深远。富人的浴室现在都有一个巨大的、下沉式的、内置按摩功能的浴缸，而亵渎神灵的抽水马桶都已经从这神圣的沐浴区域被隔离了出去。不管人们的评价如何，美国人都是一个相当爱干净的民族。

然而，身体不仅需要干净，它还需要有一定的形态。人类学家马文·哈里斯（Marvin Harris）指出，肥胖曾经是财富和声望的象征——正如戴蒙德·吉姆·布雷迪（Diamond Jim Brady）和J.P.摩

---

[1] Horace Miner, "Body Ritual Among the Nacirema," *American Anthropologist* (*1956*), vol. 58, pp. 503–507.

根（J. P. Morgan）那样——现在却成了社会底层和暴饮暴食的标志。按今天的标准来看，19世纪90年代崇尚的丰满美其实太胖了。20世纪理想的"美"已经从莉莉安·罗素发展到玛丽莲·梦露，再到崔姬。今天的身体必须是精瘦强健的，这是一项铁律，几乎对所有的女性和男性都具有约束力。女性的理想已经从柔软的曲线转变为坚实的身体。

那么一个人如何使自己的身体达到20世纪80年代的审美标准呢？你得锻炼、节食，用各种手段对身体进行有规律的训练。如果你想拥有一个理想的身型——或许它是浪漫爱情和经济成功的通行证——那么你必须走到室外，每天慢跑几英里。现在慢跑的时尚很快发展成了对跑步的狂热，因为跑步已经被认为是使心脏有力地跳动的必要途径。另一个塑造理想身型的途径就是参加健身俱乐部，数以百万计的美国人已经成为数千家水疗中心的成员，那里有游泳、壁球、举重、桑拿、涡旋浴池、按摩和健美操等。这种对锻炼的强烈需求已经成了工薪阶级生活方式的一部分，尤其在追求上进的中产阶级中流行。但是所有这些都不能否认一个事实：锻炼的方式是正确且有益健康的。然而，人类学家们感兴趣的是，在当代美国，锻炼一事已经从理性的个人兴趣发展成了一种狂热的行为。对于苗条的、肌肉发达的身体的追求已经不只是审美上的要求，而且成了一种道德律令。

每天的电视广告都会强制人们接收"自我发展"意味着"保持身体强健"的信息，在这些信息中，"好身材之德"得到了彰显。这个过程简直比20世纪70年代的冥想静坐来得更加超乎想象的猛烈。肥胖被认为是对懒惰和意志薄弱的人的惩罚，这在热衷节食的美国人中再明显不过了。"你所食即构成了你"以及"身体是心灵的圣殿"成为我们生活所信奉的寻常真理——尽管人们能真正领会其意义,两者都是无稽之谈。如果身体是神圣之物,那么人们必须慎重地对待吃进去的东西。现在,专卖健康食品的商店大量涌现,有机食品大受追捧,素食主义方兴未艾。禁食和自我体罚是中世纪苦修主义的现代等同物,它们是某种宗教仪式;同时也是一个世俗化的中产阶级长期规划的生活方式,这个世俗化的中产阶级不再相信灵魂的救赎,而是转向了身体的救赎。

不论是男性还是女性都会发现,年轻的外表在商界是一笔可观的财富——这与日本的情况完全相反。在日本,成熟是值得尊敬的。而在美国,女性整容手术数量近年来一直在增加,但更引人注目的是,男性整容手术数量也呈指数级增长,对年轻的追求也发展成了一种时尚。20世纪60年代,年轻人开始把留长发作为一种分离和反抗的嬉皮士行为;然而之后的短短几年里,长发造型已经蔓延到股票经纪人和广告商身上。他们现在会去高级沙龙做发型(或者说是"造型"),服装也变得更加休闲和年轻。老师们穿着和学生一样的蓝色牛仔裤,西装的剪裁也不那么讲究了。为了强调年轻的美,现在男人也开始使用化妆品。在我那个年代,男性认为化妆品会让他们丧失男子汉气概,但现在这些也是男子汉的日常用品。举一个例子,像设计师拉夫·劳伦设计了一款名为"查普斯"(Chaps,与牛仔穿的皮套裤同名)的男士古龙香水,并在电视广告上宣称这是一款混合香水,表达了古老西方的男性价值观。正是这样的噱头,让我们人类学家对今天和这个时代的关注变得如此津津有味。

大众媒体所描绘的理想美国,大部分只适用于向上流动的人,

第五章 相 遇

但仔细观察，这甚至扭曲了他们的处境。实际上，这个国家的贫富差距很大且在不断扩大。自20世纪60年代中期以来，民众的总体生活水平一直在下降。这一残酷的事实基于大量证据：自1971年以来，普通家庭的购买力已经下降了近5%；如果不是大量的家庭主妇开始参加工作，这一下降幅度还会大得多。然而，这个国家是在人们幻想生活正在变得更好的情境下运作的。毕竟，秘书和工人们现在都能去欧洲度假，这曾经只有富人才能做到。然而，这仅仅是因为喷气式飞机——每次可运载近400头牛的飞行武器的发展所带来的福利。如果现在以固定美元计算去伦敦的票价，实际上与1950年飞尼亚加拉瀑布的航班一样便宜。如今的欧洲，大多数年轻游客买不起房子，也养不起一两个孩子，而他们的父母在1950年只靠一份收入就能做到。那么，我们现在真的是过得更好了吗？

美国是一个资源和家庭不断萎缩的地方，美国的社会文化崇尚身体的美丽和年轻，却几乎不能容忍年轻人。难怪这让越来越多的人陷入疯狂的自恋之中。更糟糕的是，上层中产阶级和上层阶级的富裕被底层阶级日益增长的绝望所抵消。这种经济困境正在侵蚀黑人家庭，曾经因独立而自豪的蓝领工人现在正在施舍所排队，他们的工作岗位都被美国资本送往了海外。我们的城市到处都是无家可归的人，他们睡在汽车站和门口，在垃圾桶里翻找食物。逃避责任的美国社会抛弃了他们，认为这是他们自己选择的生活方式。就像成功的人会耸耸肩说："我很好，杰克。"我们的城市呈现的景象会让人想起加尔各答。欧洲人对此感到震惊，但是对于大多数城市里的美国人来说，无家可归的人已经无影无踪了。他们在破烂堆里走来走去，移开了视线，还维持了一个神话：他们住在一些政客口中的

"山顶光辉之城"。

他们对残障人士也是这样。

和他的轮椅一样,美国的残障人士必须要面对的那种文化也是他残障环境的一部分。显而易见,残障人士无论作为个人还是作为集体,都违背了美国人所珍视的那种年轻、男子气概、充满活力和身体美的价值观,虽然大多数人很少意识到这些价值观。大多数残障人士,包括我自己在内,都感觉到别人为此而憎恨残疾人,认为他们是美国理想的破坏者,就像穷人是美国梦的背叛者一样。在某种程度上,我们背离了理想,我们变得丑陋,并且被健全的人所排斥。人们畏惧我们,特别是当面部受损或身体扭曲时。残障人士不断地、明显地提醒着人们,他们所生活的社会充满了不平等和痛苦,他们生活在一个伪造的天堂里,他们也很脆弱。我们代表了一种可怕的可能性。

使残障人士特别具有威胁性的是投射和认同的心理机制,人们通过这种机制将自己的感觉、计划和动机归因于他人,并将他人的感受、计划和动机纳入自己的感受。在这些过程中,残障人士会在身体健全的人当中引起恐惧,他们担心自己可能也会残疾;在亲戚和朋友中,他们则会因为自己没有受到伤害而感到内疚。约翰·格利德曼和威廉·罗斯1979年的著作《意料之外的少数派》[1]中写道,残障人士变成了另一种人——一个失败、脆弱和阉割的活生生的象征,

---

[1] John Gliedman and William Roth, *The Unexpected Minority: Handicapped Children in America*, edited by Thomas A. Stewart (New York: Harcourt Brace Jovanovich, 1979).

是一个违背常态，其人性本身被质疑的形象。对残障人士的非人化现象是如此普遍，以致我多次听到残障人士在诅咒它；事实上，这不仅仅是美国人的特质，挪威作家芬恩·卡林的著作《然而我们是人类》[①]的书名也证明了这一事实。

很明显，残障人士在世界各地激起了人们的原始情感，但研究统计数据的缺失使我们很难明确这是在哪里发生、如何发生以及为什么发生。我们知道，残疾的污名在日本比在美国要严重得多。而且，通常围绕着残障人士的耻辱效应甚至会附着在家庭的其他成员身上。一位日本作家写道，[②]一位母亲的孩子天生畸形，她感到非常羞愧和绝望，以致企图自杀。作者将这种残酷归因于日本人的一种信念，即个人在某种程度上应为自己的不幸负责；同时也应归咎于人口的文化和种族同质化。相比之下，北欧人对残障人士的态度比日本人或我们更宽松、更积极，他们的康复计划也相应地更先进。我在哥伦比亚的同事莫顿·克拉斯（Morton Klass）告诉我残疾还有另一种存在的方式。有一天，他看到一群男人在戏弄一个盲人。克拉斯起初认为这很残忍，但后来他意识到这种玩笑是将盲人纳入群体的方式，这是人类学家发现的在一些原始社会的姻亲关系中会开的那种玩笑。值得注意的是，这种形式通常要避开岳父母，并对一个可能结婚的兄弟姐妹开玩笑。因此，这种戏谑可以看作是在人与

[①] Finn Carling, *And Yet We Are Human* (London: Chatto & Windus, 1962).
[②] Yoko Kojima, "Disabled Individuals in Japanese Society," *Rehabilitation World* (1977). 关于对残障人士态度的跨文化调查见 Jane Hanks and L. M. Hanks, Jr., "The Physically Disabled in Certain Non-Occidental Societies," *Journal of Social Issues* (1948).

人之间保持距离的另一种方式。从这个意义上讲，对残障者的取笑其实是美国人回避残障者的一种嬗变。我认为将来的研究会揭示：在贫穷和疾病猖獗的土地上，残障人士会像在美国那样被排斥在社会生活之外，但他们可能也会经常受到特别的对待。

再回到美国文化，身体健全者和残障人士之间的关系存在着深刻而令人不安的矛盾心理，一个人应该如何对待一个"准人类"——一个确实会引起恐惧和厌恶的人？这些情绪必须被不顾一切地隐藏起来，因为它们违背了要求关心和善待残障人士的价值观。社会交往是一个棘手的游戏，在这种比赛中，每一方都试图猜测对方的反应，但当一方对另一方的情况一无所知时，比如面对外国人或者瘫痪的人时，游戏就会变得十分困难。在某种程度上，人们视残障人士为外来物种，他们无法预测残障人士的反应：他们不在正常期望的范围之内，身体健全的人也不知道该对他或她说些什么。解决这一困境的方法是完全不建立任何联系，比如可以回避坐在轮椅上的人，这对于有着正常双腿的人来说是个简单的解决办法。

健康者对残疾人从眼神里透露出的厌恶，以及如此明显地保持接触距离是非常普遍的，以致我从未见过不吐槽这点的残障人士。关于残疾的文献也在这一点上强调得太多，已无须赘述。残障人士经常说："人们表现得就像残疾会传染一样。"这正是一名被广岛原子弹炸伤致残的日本妇女在表述从来没有人去探望过受害者这一事实时所说的话。值得注意的是，癌症患者和因死亡或离婚而遭受损失的人也同样被敬而远之，因为他们的身份都受到了玷污。然而，恶意和悲痛都是暂时性的，麻痹性的残疾却不是。

欧文·戈夫曼是一位学养深厚的社会学家，但在实践中是一位人类学家。他在1956年写道,所有社会交往的核心和开始的前提是参与者都持有尊重和有风度的立场。每一方都必须表现出自己是一个有价值和有内涵的人,每个人都必须在自己周围留出社交空间和距离,而另一个人则要尊重这种举止。① 当然,这种相互尊重的程度会因具体情况和所涉人员而异,其表达方式也是文化的产物。它是通过一种手势和细微语言差别的潜意识规则发生的,这种语言是如此微妙,以至使用者和听者都意识不到,除非当它被抑制的时候——通常恰恰是因为生理缺陷而被抑制。

  无论文化和环境如何变化,广大公众会通过一定程度上的放弃尊重来处理与残疾人的关系,不自觉地以各种方式行事。患有脊髓灰质炎后遗症的小提琴家伊萨克·帕尔曼(Itzhak Perlman)说,当他坐着轮椅被推到航空公司柜台时,工作人员通常会问他的助手:"他要去哪里?"这在我身上也发生过很多次,我再次意识到,这不仅仅是一种美国现象。② 一家韩国餐馆的服务员给我们四人只拿了三份菜单,我把他叫了回来,告诉他我也识字。但这没起到任何作用,因为两个月后这个服务员又做了同样的事。人们也会对盲人大声说话,预设他们也是聋子。在这个话题上,大多数残障人士可以没完没了地分享各种逸事。

  残障人士会普遍地抱怨这种诋毁和歧视:"你会认为我也是弱智。"当身体健全的人被迫面对残障者——也就是说,当他们无法逃避时——他们常常把残疾者当作未成年人或无能者来对待,缺乏尊

---

① Erving Goffman, "On the Nature of Deference and Demeanor," *American Anthropologist* (1956).
② 在这个世界上,人们往往会选择性地忽略残障人士的选择权。——译者注

重，从而剥夺了他们作为人类同胞应有的权利。他们还通过显示自己的优势来区别自己和残障人士，似乎这会使他们容易逃离或免遭类似的命运。更糟糕的是，残疾者，特别是畸形的残障人士，有时被视为是邪恶的，就像莎士比亚的理查三世或维克多·雨果的钟楼怪人一样。这很可能是身体健全的人对残障人士的内在敌意的投射，而且这种情绪确实存在，尽管很少被表现出来。因此，身体损伤甚至被放大为人格缺陷，这个过程被社会心理学家碧翠丝·赖特称为"传播"。[1]

大多数美国人，包括医务人员在内，不管残障者的其他品质如何，都对他们有一种社会地位上的特殊偏见。这种心态并不是将残障人士置于社会主流，而是将其置于边缘，弃之不用、视而不见。甚至连医院的工作人员都觉得我是反常的，因为我不仅得到了全职聘用，而且还在自己的专业领域做研究。一位社工曾问我："你的职业是什么？"这并不是说他们嫉妒我继续工作的能力，恰恰相反，他们真的为此高兴。这使我成为一个完全不同的社会类型，一个特殊的案例。我自己的医生当然知道这一点，所以经常纠正他同事们的一些建议："他不能这么做，他是个上班族。""他是个四肢瘫痪的上班族"，这一特点定义了现在的我。然而，也并不总是如此。想想富兰克林·D.罗斯福如何战胜了这种彻底的分类吧，他总是站着发表演讲，从不让别人拍到自己坐在轮椅上的照片，以此来掩饰自己的残疾。

---

[1] Beatrice Wright, *Physical Disability: A Psychological Approach* (New York: Harper and Row, 1960).

残障者必须通过额外的努力,才能确立他自主的、有价值的个人地位,但别人的一些轻率行为或漫不经心的反应就有可能完全削弱这些自尊心。即使身体健全的人有意识地去试着尊重残障者,他也必须努力应付与残障人士交往时含糊不清的处境、缺失的文化行为准则,以及他自己厌恶的感情。这往往会给某一情境带来一种做作的气氛,这种交往可以通过诉诸礼节而变得平淡无奇,也可能变得十分夸张,成为虚假的愉快、伪装的幽默或过于热情的友好等。身体健全的人和残障者之间的会面确实可能是尴尬、紧张,充满不确定的情况。

然而,由于当事人一些突出反常的表现而造成社会场景扭曲的情况并不局限于残障者。有一次,一位朋友告诉我他参加了一个聚会,其中一位女客人穿着一件大网眼的连衣裙,除此之外什么都没穿。实际上,她近乎赤身裸体。现在在一些社交圈里,年轻的女人往往会面临严重的风险——如果不是来自男人,那么就会来自其他女人。然而,这是中产阶级知识分子的聚会,他们为自己的彬彬有礼和老练而自豪,他们没有性别歧视。没有人提起这件衣服或它的穿着者,男人们刻意地不去看她。当一个男人和她交谈时,他的目光也集中在她的脸上,故意不让眼光落在它想要去的地方。但不出所料,没人跟她多说话。我的朋友最后说聚会失败了,因为聚会的气氛仍然是正式的,那种宴饮欢乐是受迫的,实际上早就名存实亡了。

这位女士的透视裙成了社交对话中不言而喻的中心,它颠覆了派对上所有其他的活动,扭曲了所有人的关系,于是人们纷纷逃离。弗雷德·戴维斯写了一篇我认为迄今为止关于残疾社会学研究的最好的文章，① 他提到在健康人和残障者之间的接触中，特别是在最初的相遇中，也会发生先入为主的事情，我自己的研究和个人经验也证实了他的论点。正如一个人的残疾身份在他自己的头脑中占据主要地位，残障成了他的行为公理，因而他人对残障者的判断也被这个缺陷所支配。残障者与健全人之间的身体差异，最根本之处就在于残障者背离了正常人的标准，这个显而易见的事实支配了其他人的想法，甚至可能击溃他自己的心理。但这些想法几乎无法表达，更不用说在社会上发出声音了。

残疾——瘫痪、失明或任何可能的残缺——是双方交往的核心，也是重要的考量标准，双方都必须采取措施使会面正常化，戴维斯称之为"否认偏差"。参与者试图让自己表现得很正常，就像没有隐藏秘密一样。除了回避和掩饰，还有几种不同的情况，一种是在开始就做简短暗示的技巧，好像在说："就是这样，这是摆在桌面上的，是公开的。现在让我们继续我们的工作吧。"这种行为通常是由残障者发起的，他必须成为让他人放心的专家。正如我说过的，残障者这样做的目的是表示开朗，因为他的其他任何行为都会使对方逃跑。但有时候，残障者也会时不时地让对方感到受伤，但这也是摆脱讨厌的伙伴的一种好方法。

戴维斯恰当地指出，在这些初始的场景中，那种不可告人的动机，那种占主导地位但不言而喻的缺陷扭曲了社交能力。身体健全的人担心自己会说出伤人的话，于是小心翼翼地参与会面，就像在

---

① Fred Davis, "Deviance Disavowal: The Management of Strained Interaction by the Visibly Handicapped," *Social Problems* (1961).

穿越一片雷区。残障人士知道对方在想什么，而后者也知道这个意识是已知的；每个人都知道对方所想，就像是在一个满是镜子的大厅里，但这些都是康尼岛的镜子，它能反射却令影像变形。这种标准化的进程就像在流沙床上运行，总是有被吞没的危险。现代社会学的创始人之一格奥尔格·齐美尔曾经写道，所有的社会交往都预示着可能迫在眉睫的灾难，而那些有残疾的人则是这一普遍真理的极端例证。①齐美尔还提到，社会交往建立在"彼此之间存在着假设的共识和信息共享"的基础之上，这意味着如果人们拥有彼此清晰、准确的个人信息，并能观察到完全的诚实，就会破坏社交能力，人类社会的交往也不可能存在了。我们可以补充的是，不仅交往的每一方都会对对方隐瞒信息，而且双方都会歪曲或美化那些公开的事实真相。每个人会怀疑，或半信半疑地接受这些善意的谎言，并以此作为相处的必要代价。残障人士与健全的人之间的互动之所以如此吸引人，是因为它不仅建立在小小的谎言上，而且还依赖于一个弥天大谎——身体缺陷并没有什么影响。的确如此，在两个人之间这种不稳定的交往中，误解被放大了，社交能力被倒置了。

我有位朋友的经历很好地例证了隐藏残障的重要性。他因幼时罹患脊髓灰质炎而拄着拐杖。他登上了一架飞机，坐下来后把拐杖交给了空姐。后来一个女人坐在了他旁边，两人开始了友好的交谈，一直聊到飞机着陆。当到达终点站时，乘务员带着拐杖回来了。看到此景，这个女人变得十分慌张和尴尬，喃喃地说了一声再见，就

---

① Georg Simmel, *The Sociology of Georg Simmel*, edited by Kurt Wolff (Glencoe, Ill.: Free Press, 1950), p. 312.

急忙地走了,感觉她知道他的残疾时为时已晚。我敢肯定,她这一天余下的时间都在想,她是不是说错了什么,而且显而易见,如果她提前知道他残疾的话,她的行为也会有所不同,而当时她的解决办法是逃跑。

戴维斯主要关注的是初次接触。在这种最初的接触中,一名身体健全的受访者说:"首要的问题是将视线移向何处。"不过,戴维斯的观点也适用于与老朋友的会面。这可能比陌生人之间的接触更加困难,因为人们必须有意识地努力维持先前建立的社会关系角色。这是一种与残障者的新身份,与他人的厌恶、内疚和恐惧相冲突的尝试。前者意识到他朋友内心的波动,而后者则感到一种疏离感,仿佛他的老伙伴现在受到打击,去了别的地方——而他已经去了。他们的关系必须被重新定义,这往往比建立一种新的关系更难。结果是,新近残疾的人经常会与他们的老朋友和亲戚,甚至与他们的配偶之间断绝关系。

残障人士的社会圈子被不断缩小,而且他们的伙伴数量的减少会涉及不同的社会阶层。就像我一样,社交生活被缩小了,我不再参加人类学会议(自从我戒酒后,我就认为这是浪费时间),由此缩小了我的职业圈。我还退出了更大范围的学界生活,更倾向于加强与我所在系里同事和学生的关系。同样的事情也发生在我所生活的社区,我曾在那里常常参与当地政治,有一大群朋友。起初他们都在我身边,但随着病情的发展,他们开始从我的视线中消失。这在一定程度上是我的错,因为我很少邀请他们来看望我,孤立其实是双向形成的。

然而,我的孤立也不完全是我一个人的错。我和一位患有肌肉

第五章 相　遇

萎缩症的朋友在镇图书馆组织了一个有关残疾主题的活动时，这一点被强有力地证明了。当时这个活动宣传颇广，我天真地以为会有一大群朋友、邻居和政治上的密友到场，但最后只来了八个人。我完全没有意识到人们对这个话题有多么反感，他们对我的感情是多么矛盾。这件事让我很气愤，于是我退回到一小群亲密的、对我的残疾已经习以为常的朋友中。现在意识到，我这样做的后果是把自己和其他一些善良的人隔离开了，他们确实是不知道该如何接近我。有些人承认他们无法接受发生在我身上的事情，所以才远离了我。据说，一位与我不太亲密的朋友对人说："太遗憾了，他之前真是个不错的人。"他说此话时使用的过去时不是偶然的，因为不时会有谣言说我就要死了。我把这些事件当作素材来细细品味，因为它们蕴含着一个隐喻性的真理：死去的是旧的社会意义上的我。

对残障人士的回避不能说仅仅是由于对陌生事物的无知和恐惧。1982年，大卫·拉宾博士在著名的《新英格兰医学杂志》上发表了篇论文，[①]让平静的医学界变得异常紧张。拉宾当时是范德比尔特大学医学院（Vanderbilt University Medical School）的一名教员，现在已经去世了。众所周知，拉宾有致命的肌萎缩性脊髓侧索硬化症，患病期间他非常期待同事们的同情和理解，但却发现同事们都在回避他。随着病情的发展，这种情况越来越明显。直到有一天，他在医院里滑倒了，旁边的一位医生却把头扭向了别处。总的来说，他从下属那里得到的支持和帮助比从同事那里要多。医生与他们的临

[①] David Rabin with P. L. Rabin and R. Rabin, "Compounding the Ordeal of ALS: Isolation from My Fellow Physicians," *New England Journal of Medicine* (August 1, 1982).

终患者之间有一道巨大的屏障，而拉宾已经突破了这道屏障。这个职业固化了阶层，并且通过隔离拉宾，终止了可治愈者与注定死亡者之间的融合。我的人类学同事表现得要比这好得多，因为处理人类的多样性是他们的专长。

一个人社交圈的缩小既是一个定性问题，也是一个定量问题。研究人员有一个共同的发现：残障者经常会结交新朋友，且往往是与社会地位较低的人交往，而不是过去的老同行。[①]他们会通过俱乐部和教会组织与其他残障人士交朋友，也与其他失业者建立联系，但他们跟富人在一起时则会感到不自在——富人也是最早避开他们的人。一个身体健全的中上阶层受访者对弗雷德·戴维斯说，很难接受发生在"我们这样的人"身上的严重残疾。[②]这与我自己经历中的一个小插曲也相印证。当时我正在参加一个残障人士权利组织举办的会议，在房间另一头，我看到了一个州议员，他是我在坐轮椅前参与政治活动时认识的。起初他没有认出我，因为轮椅起到了一种伪装的作用。但当他以私人身份跟我聊天时，他说没有想到会在这样的聚会上见到"像您这样高素质的人"，好像这种事情被认为只会发生在生活的失败者身上。

得益于我的年龄和长期确立的社会地位，虽然我削弱了一些外围的关系，但我还能够保持我最亲密和最宝贵的关系。我在1980—1983年之间对残障人士社会关系的研究确实使我接触到了许多处于经济边缘的人，但我并没有将我的社交圈子在社会层面上进行转移。

---

① See Betty E. Cogswell, "Self-Socialization: Readjustment of Paraplegics in the Community," *Journal of Rehabilitation* (1968).

② Davis, "Deviance Disavowal."

第五章 相 遇

然而，我必须承认，在这项研究的最初阶段，我感到比在亚马孙印第安人群体中更加不安——尽管我也有残疾，但也正是因为残疾，当我和其他人一起坐在轮椅上时，我感到了一种意想不到的不适感。我假设调查人员是一个独立客观的观察者，但不是他所研究的群体中的一员，以此来应对这种不适感。这种主体和客体的简单的分离从来都是无效的，在我的情境中更是错上加错。我曾珍视一个近乎正常的个人神话，并为自己成就颇丰的生活感到自豪，我还没有完全准备好去认同残障者。芬恩·卡林也提到了同样的反应，他说："就我所能记得的，我非常迅速地和其他残障者断绝了联系。"① 对残障者的研究和参加他们的组织迫使我在他们的生活中看到了自己，这使我感到我自己的地位是不安全和受到威胁的。这项研究离我自身很近，让我很不舒服——我学到了关于社会地位和残疾之间关系的宝贵一课，也重新认识了自己。所有的人类学研究都包含了自我发现的过程，而且我作为一名残障者的经历常常使我感到痛苦。

等我坐上轮椅之后不久，我开始注意到自己的社交生活发生了奇怪又微妙的变化。1980年有个牙医拍了拍我的头，之后我再也没有去过他的办公室；但本科生和我告别的时候，往往也会轻轻碰我的胳膊或肩膀，这是在我正常的时候他们从来不敢做的事，可我觉得这很愉快，为什么？牙医把我当成孩子一样对待，但学生们是在肯定我与他们之间的关系，他们越过一堵墙，声明他们站在我这边。我是一名中年教授，我对他们考试成绩的威胁和其他老师一样大，但我的身体损伤让他们离我更近了，因为在社交方面我给了他们更

---

① Carling, *And Yet We Are Human*, p. 18.

小的压力。我残疾后,很多研究生开始叫我的名字,这也是亲密的表现,而不是放肆的行为。

同样的事情也发生在我跟黑人的接触中。过去学校的黑人保安对我视而不见,他总是用一种特别的语气跟和我走在一起的黑人同事打招呼:"你好,教授,你今天怎么样?"但他们现在知道我是谁,也跟我打招呼。我现在是一个比他们更糟糕的白人,我微妙的公众地位的丧失让我更接近他们的地位。我们都处在社会的边缘——我们都是局外人。

在我坐轮椅的头几年里,我还注意到男性和女性对我的不同反应。与我同龄的中产阶级男性似乎受到我残疾的影响最大,可能是因为他们与我的关系最为密切。另一方面,我发现我和各个年龄段大多数女性的关系变得更加轻松和开放;她们比男性热心,跟我在一起的时候也更自在。我也注意到,当我和一位女士一起上电梯时,她经常会问候我或开始聊天,但在以前我健全的时候,通常我们俩都会默默地盯着楼层指示灯。我坐着轮椅穿过校园时,也会有同样的事情发生。我曾做过一个小试验,我会看着一个正在走近我的女人的脸,直到我引起她的注意。往常女人们会把目光移开,但现在,大多数情况下她反而会跟我对视,点头或微笑。这种眼神交流是对自我的开放,是认识他人的过程,也是一场不加掩饰的会面。

我觉得这种新的开放令人神清气爽,虽然我完全认同一夫一妻制,但我一直很喜欢有女性做伴。她们通常比男性更友好。可我也很快注意到,这种明显的油嘴滑舌和非人类学的通则遭到了很多反对,这种反应告诉了我两性之间的关系是什么。它证实了弗洛伊德的论点,即男性和女性被敌对地隔离开来,同时男女两性在很大程

第五章 相 遇

度上都有精心策划的无意识机制来抵御对方。这不仅仅是弗洛伊德维也纳学派的一个观点，我和尤兰达在蒙杜鲁库人中也发现了这种对立存在的证据。在蒙杜鲁库人中，对立根植于一种生活方式中，即男人和女人睡在不同的房子里。① 我在另一篇论文中提出，各地的女人通过遵守礼仪和克制来保护她们自己，她们从小就被训练说"不"，并把每一个男性都看作是潜在的威胁。② 尽管最近关于性别的看法有所变化，但我仍然相信这是美国的主流态度。

所以，我跟女性相处很自在，因为我不再是危险的来源。毕竟，即使我想追求一个女性，她也很容易就能逃脱，可以说女性完全掌握了我们之间关系的主动权。有人可能会反驳说，一个年事已高、受人尊敬的教授除了对他自己以外，也不可能是什么威胁。但这种说法忽略了一个事实，即女性的防御能力是建立在根深蒂固的，甚至是潜意识的焦虑之上。与其说这是两性关系中的一个重要因素，不如说是个不成文的前提。我们中的大多数人都没有意识到这一深层的倾向，我之所以能认识到这一点只是因为我的男人身份被残疾人这个新身份替代了。

其他研究人员也指出，女性更容易与残障人士建立联系。③ 有人也将此归因于传统的女性角色主要在于养育和照顾他人。这或许是一个方面，但我怀疑这并不是主要因素，因为在过去，女性进入护

---

① Yolanda Murphy and Robert F. Murphy, *Women of the Forest* (New York: Columbia University Press, 1974).
② Robert F. Murphy, "Man's Culture and Woman's Nature", *Annals of the New York Academy of Sciences* (1977).
③ See R. William English, "Correlates of Stigma Towards Physically Disabled Persons," *Rehabilitation Research and Practice Review* (1971).

理领域是因为这是她们可以选择的为数不多的好工作之一。而现在出于成就感，她们更喜欢成为医生或银行家。关于她们更擅长护理这件事，我只能说我得到的最好的护理是来自男性，而一些最差的护理却是来自女性。与其把这种"母爱"的本能归咎于女性，还不如再次认识到残疾是一个绝佳的平衡者，它阻止了这场古老的权力斗争，结束了"男性优越感"。

欧文·戈夫曼的"污名化"研究对残疾社会学产生了巨大的影响，是因为它提供了一个通用的框架。在这个框架内，残障者、罪犯和某些少数群体拥有共同的命运：他们都是局外人，都偏离了社会规范。然而，这一框架也存在一些问题。首先，它将故意违反法律或道德标准的人，与那些对自己的污名状态毫无责任的人混为一谈。一个人可以选择过犯罪的生活，但不能选择自己的出身，当然，也没有人愿意成为四肢瘫痪的人。这些情况的存在是因为遗传或者运气不好，而不是出于个体本身的选择。然而，这并不妨碍其他人指责受害者。太多愚昧无知的白人把黑人看作是懒惰和不聪明的人，认为黑人不喜欢工作，更喜欢领取救助金和犯罪。即使是残障者，也常常因为他们的身体状况，或者因为他们没有实现最大程度的康复而隐约地受到指责。他们忍受污名化身份的证据之一，是人们认为身体损伤不会发生在可敬的人身上。就好像他们认为盲人是在庇护所里制作扫帚的人，或者是拿着要饭缸子坐在街边的人，他们当然不属于向上流动的阶层。

残障者和黑皮肤的人在"有罪"程度上与重罪犯不同，且他们两者之间也有区别。在美国，种族偏见有着深厚的历史和经济根源。几个世纪以来，黑人和西班牙裔移民一直是廉价劳动力的来源，现

第五章 相　遇

在他们地位的提高与女性的情况越来越接近——女性一直处在被污名化的状态中。当时压制他们是有好处的（经济利益），然而，没有任何强有力的经济理由让我们体制性地排斥和贬低残障人士，除了不值一提的由公共财政拨款照料他们以外。否则，很难理解对他们的歧视如何能够发挥重要的社会功能。尽管如此，也有研究表明，从统计学角度来看，对残疾人怀有敌意的人更有可能对少数族群产生偏见。[1] 这一切都显露出一种明显的阴暗，偏见是没有边界的。

除了种族和残障之间的结构性差异，人们对残障人士的价值观和情绪反应也有所不同。人们被灌输了种族偏见——他们被教导可以仇恨犹太人和黑人——但不能去歧视残障人士。尽管如此，肢体残疾的人常常在不同程度上会遭遇排斥、恐惧和彻底的敌对情绪，这些情绪似乎是自发和"自然的"，虽然这违反了我们的价值观和教养。但真的是这样吗？我们可以理解当孩子们对残障者很好奇，经常盯着他们看时，父母就会拽着他们的胳膊说："别看。"没有什么比这种方式更能传达给孩子对残疾的恐惧感。这种情况太可怕了，人们不能谈论残疾，甚至连看都不能看。在这样的教育方式下，儿童对残疾的厌恶程度远远超过了种族偏见。这种情绪也加深了人们对残疾可能发生在他们自己身上的恐惧。

对于应该帮助残障者的劝告，我们会在安全距离以外践行。我们向美国出生缺陷基金会（March of Dimes）和肌肉萎缩症协会（Muscular Dystrophy Association）等组织捐款，或者向乞丐的杯子

---

[1] M. A. Chester, "Ethnocentrism and Attitudes Toward Disabled Persons," *Journal of Personality and Social Psychology* (1965).

里扔硬币。这样，身体健全的人既可以安抚自己的良心，又不用靠得太近。他们通过慈善的行为强调与残障者的区隔以及自己的完整无缺。这些相互矛盾的善意和拒绝，使得"如何对待残障者"成为价值观冲突的巨大舞台。

将残疾视为异常行为的一种亚型，使许多问题变得扑朔迷离，导致了社会科学家走进理论上的死胡同。在我们的研究过程中，我和我的同事发现在不同的框架里分别看待残障问题更合适，其中一种框架能使残疾情况普遍化的同时也能保持其独特性。我们将残疾视为阈限的一种形式——这是我在神经外科手术后讨论我的精神状态时引入的一个概念。① 这与我在第三章中提到的"通过仪式"密切相关，也与标志着我回到哥伦比亚大学的庆功宴有关。成人礼的目的是让社区见证个人社会位置变化的过程。它通常分三个阶段：隔离和指导新人、进行仪式，以及以新角色重新融入社会。一个人处于前两个阶段的过渡时期就是处于一种阈限状态——照字面意思就是在临界状态下——这是一种社会边缘状态，在这种状态下，他被置于正式社会系统之外。

我们对仪式的理解在很大程度上要归功于阿诺尔德·范·热内普、埃米尔·迪尔凯姆（Emile Durkheim），以及迪尔凯姆的学生亨利·休伯特（Henri Hubert）和马塞尔·莫斯（Marcel Mauss）。但最重要的还是人类学家维克多·特纳，他将上述大家的思想融合进现代文化和社会理论中。他写了一篇题为《模棱两可》（*Betwixt and Between*）的文章，准确又简洁地描述了残疾人在美国生活中

---

① Murphy and Murphy, *Women of the Forest*.

的模糊地位。[①]残疾的人既没有生病，也不完全健康；既没有死亡，也没有完整地活着；既没有脱离社会，也没有完全融入社会。他们是人，但他们的身体存在扭曲或功能失调，使得他们人性的完整性受到质疑。他们没有生病，因为生病的结果是要么康复，要么最终死亡。事实上，疾病是一个很好的例子，它是一个非宗教的、非仪式的处于临界值的状态。患者在病情好转之前一直处于社交中断状态，而残障者一生也处于类似的暂停状态。他们既不是鱼也不是鸟；他们作为没有定义的、模糊的人，处于一种被社会相对孤立的状态。

据研究报告称，这种不确定的品质、这种对正常存在的背离，导致了研究人员所观察到的人们对残障者的普遍厌恶。人类学家玛丽·道格拉斯在她1966年的书《洁净与危险》[②]中写道，文化象征主义把传统的现实分成整齐的类别，而在许多文化中，偏离这些整齐的分类就会被视为危险。她认为猪是一种不反刍的偶蹄[③]动物，这也是希伯来人不吃猪肉的原因。猪因为缺乏分类清晰度而不清洁，猪肉也因此被视为污染，所以不能吃。出于同样的原因，永久残疾的人也属于受污染的类别。他们是异常现象，像极度痉挛的人或者所谓的象人（Elephant Man），象人被认为是他那个时代面部最畸形的人。在我们这个时代残酷的偏见中，严重残疾的人是"令人沮丧者"。

[①] Victor Turner, *The Forest of Symbols: Aspects of Ndembu Ritual* (Ithaca, N.Y.: Cornell University Press, 1967).
[②] Mary Douglas, *Purity and Danger: An Analysis of the Concepts of Pollution and Taboo* (London: Routledge & Kegan Paul, 1966).
[③] 在一些文化中，偶蹄是恶魔的标志。——译者注

他们使人感到压抑，所以最好不要出现在放松和享受的地方。他们使普通人感到恶心，这意味着他们会引起厌恶。当然，并非每个人都以这种方式做出反应，但厌恶仍然很常见。直到最近，有些餐馆才不太拒绝明显残疾的人，这种态度只有在人们共同努力对公众进行再教育之后才会有所改变。而有些类型的残疾比其他普通的残疾更让健全的人感到不安。残障人士贬值的等级因残疾的类型和严重程度而不同，处在最底端是面部毁容或身体明显变形的人，坐轮椅的人则居于中间，评级设置的主要标准似乎是偏离标准人类形态的程度。

我们可以在道格拉斯的理论基础上再加上克劳德·列维-施特劳斯的观点，即人类思维中最大的二元差别是自然与文化的分离。在这种宏大的二元论框架内，身体损伤是一种自然的侵犯，一种削弱个人作为文化承载者地位的侵犯。在妇女月经期或分娩后被隔离的过程中，也起同样的作用。最后，这也是残疾与其他"异常行为"如此不同的原因。这不仅是对道德准则的背离，也是对传统分类和认识的歪曲。大自然对残障者的污染，加上他们的身体的逻辑异常，损害了他们的人性。

特纳写道，正在经历仪式地位变化的人"不再被分类，也还没有分类"。① 他们失去了旧的地位，尚未获得新的地位。这让其他人对如何对待他们感到不确定。在这里，我们再次陷入了如何对待残障人士的困境。这种不确定性可以通过隔离或回避这种处于边界的人来解决——道格拉斯认为他们在仪式上受到了污染。在简单原始的社会中，举行成年礼仪式的人可能会被隔离数周、数月甚至数年；

---

① Turner, *The Forest of Symbols*, p. 96.

而在现代复杂的社会中,这种隔离是通过课后的宗教教育和蜜月等温和的措施来完成。另一种更为严重的隔离形式是残障者总被限制在医院和疗养院,或受制于路沿、楼梯、台阶和无法进入的公交系统等有形障碍,使得他们无法离开住所。

残障者和仪式过程中的新入会者之间,还有其他明显的相似之处。特纳写道:"训导者和新入会者之间经常是一种绝对权威和绝对服从的关系,新入会者之间往往是绝对平等的。"① 这当然描述了医务人员的威权和监护作用,他们在康复病房中的作用与丛林的部落长老相同。新入会者之间的平等也是存在的,医院剥夺了人们以前的身份,将他们降级到无形中"患者"的状态,任何在这些机构中待过一段时间的人都知道,患者通常是平等的,他们会忽视对方以前的社会身份差异。

在医院以外的残障者中也有这种平等的地位。在过去十年中,我参加了许多残障人士组织,出席了无数会议,我对其中普遍存在的平等气氛感到惊讶。尽管我经常是在场年龄最大的人,也总是处在最有声望的位置,但这种平等还是延伸到了我身上。没有人称我为"博士""教授",甚至"先生";他们只称呼名字。我对残疾的了解比大多数人都多,这一事实得到了一些尊重,但这并没有给我带来多少权威。事实上,我常常懊恼地发现,人们对我的许多观点不屑一顾——这对一个习惯于让听众对他说的每句话都做笔记的人来说,是一个打击。另一个威胁到我作为教授的自负感的是,人们对身体健全的外部"专家"给予了更认真的关注。因此,残障人士也

---

① Turner, *The Forest of Symbols*, p. 99.

表现出他们表面上所谴责的令人反感的歧视和做法。

作为残障者的共同身份覆盖了我们以前的年龄、教育和职业等级，也消除了许多性别角色障碍。我第一次注意到这一点，是在1976年接受物理治疗的时候。当时我被介绍给一名腿部瘫痪的年轻女子，我立即问她："你的治疗进展如何？"她回答说："我最近哭了很多次。"我接着说："我根本不能哭，那样会更糟的。"这完全是一个自发的交流，后来我意识到这是一个多么不寻常的谈话。我真的对一个刚认识的女士说过这句话吗？后来在康复楼层住院时，我被安排在一个有三名女士的房间里。这种背离传统医院程序的做法是因为医院里人太多了，时间安排也有问题。但我们这些住院人员谁也没有感觉不安。因为我们谁都无法独立从床上起来，如果我或者其中一个女士能够骚扰别人，那才堪称奇迹。

作为受到局限的人，残障者却能以完整的个体身份面对彼此，不受社会差异的影响，而且他们经常坦率地向对方揭示一些惊人的事实。我曾与下肢瘫痪的女性们进行过日常的交谈，她们很乐于谈及肠道和膀胱的问题。有一位多发性硬化症的研究人员，她自己也患了这种疾病，她说有的男性受访者通常都会自愿地向她讲述自己性无能的问题。这种开放性有助于残障者身份的研究人员对残疾人开展田野调查，尽管他们必须当心，不能想当然地认为他自己的残疾经历与受访者相同。这种残障人士中民主的另一个结果是，在他们克服了最初的反感（这只会增加他们的孤立）之后，许多人开始寻求彼此的陪伴，这通常是通过加入残障人士组织的方式来进行的，在那里，他们才找到了友谊和逃避边缘世界的避难所。

相比于社会学家所遵循的社会异常行为模式，残障者更适合阈限模式。维克多·特纳写了关于原始社会的仪式过程,"阈限经常被比作死亡,被比作在子宫里的胎儿,被比作黑暗、双性恋、荒野、日食或月食"[①]。这和我们所讨论的一切都很吻合:我去世的偶然传闻,残障者在社会上的隐身性,大众心目中无性恋的归属,不分性别的病房,以及残障者社区中性别角色的模糊。残障者不仅仅是社会上的离经叛道者,他们也是日常生活中的反叛者。

正如残障者的身体永远受损一样,他们作为社会成员的地位也是永久受损的。他们存在状态的长期不确定性,导致了对他们社会角色定义的缺失;而无论如何,任何社会角色都会被他们的残障人士身份所取代和掩盖。残障人士被认为是受到污染的,不能看他们,也要注意不要靠轮椅太近。我的同事杰西卡·谢尔把轮椅称为"便携式隔离小屋",因为它们确实是某种隔离室。[②]残障人士的住所也是如此,我的同事理查德·麦克也报道了许多贫穷的黑人截瘫患者的困境,他们住在纽约市的无电梯公寓里,只有被抬下几层楼才能离开[③]——他们就像是囚犯。

在美国,残障人士被他们自己的失落感和不满足感拉回到现实世界,一种想要退出的冲动与社会对他们的贬低相结合,将他们进一步推向孤立。再加上他们面临着一个健全人为普通人设计的环境,因此人们会很奇怪他们中的任何一个是如何成功地闯入这个世界。但他们确实做到了,而且越来越多的残障人士做到了。

---

① Turner, *The Forest of Symbols*, p. 95.

② Jessica Scheer, "They Act Like It Was Contagious, " *Social Aspects of Chronic Illness, Impairment and Disability*, edited by S. C. Hey, G. Kiger and J. Seidel (Salem, Ore.: Willamette University, 1984).

③ Richard Mack, unpublished manuscript, 1985.

第六章

自治之战

> 活着意味着继续存在。每一天都是胜利……这样的胜利更像是人生的胜利。
>
> ——弗朗茨·法农
> 《全世界受苦的人》[①]

一位朋友曾经说,现在坐轮椅的人似乎比过去更多了。这只是他不经意的观察,却准确得令人吃惊。在抗生素还没有被发明的黑暗时代,脊柱受损的人通常会死于感染;胸肌无力以及肺活量减少的人无法咳痰,因而更容易患上肺炎;而反复的尿路感染最终会导致肾功能的衰竭。过去的40年里,瘫痪的人口爆炸式增长,主要由于抗生素的大规模使用。在1935年,如果我瘫痪了,几年内就会死亡。而现在像我们这样的人的确变多了,可能是因为我们在抗生素的庇佑下活得更久了。

在现代技术的帮助下,现在医院能够使妊娠中期的早产婴儿存活,尽管许多幸存者会伴有脑损伤和其他不足。近年来早产儿和有出生缺陷的正常足月儿已成为政治话题的中心。所谓的生命权

[①] 译文出自万冰译《全世界受苦的人》,译林出版社2005年版。——译者注

利团体与支持他们的政客串通一气,对医生和医院决定取消生命支持的措施,以及残疾新生儿的死亡实施了干预。这是"无名氏婴儿(Baby Jane Doe)"案中出现的问题,该案涉及对出生时患有脊柱裂和唐氏综合征的婴儿进行手术。且不说婴儿的家庭应该如何支付长期且昂贵的医疗费,政府以"婴儿名义"进行的持续干预,导致一些原本可以支付其手术费的项目被取消。这件事最终于1986年6月得到解决,当时最高法院驳回了政府的立场,并将决定权交给了孩子的父母和他们的医生。

无论成本如何,美国人的价值观显然是站在维持和延长生命的所谓人道主义的一边,很少有人停下来反思生命的质量。这种想法在我们这样的文化中是可以理解的,它寻求永恒的青春,并怀疑灵魂的不朽。鉴于第五章讨论的那些文化特性,同样可以预见社会正在承担其所不能承受的压力,只是这一结果暂时还没有显现。老年人被忽视或被当作婴儿对待,残障者靠补助金生活并且被社会边缘化。但至少他们还活着,要是在以前他们可能活不了这么久,所以其他都无关紧要。他们对待残障者的问题非常简单:你还活在这个世上,你还想怎么样呢?残障者有选择是否参与生活的权利,也比其他人更加清楚如果这是个肯定的答案,他们将面临一场漫长而痛苦的挣扎。我的朋友观察到大街上用轮椅残障人士日益增多,说明越来越多的残障人士有勇气面对社会的挑战。

现在大约有一百万美国人坐轮椅,导致他们残疾的原因各不相同,但不管致残的原因是什么,他们遭遇的生理问题都如出一辙。他们遭受的不仅仅是生理上的歧视,还有些歧视跨越了病理学的界限,而且不管原因如何,轮椅本身的局限性也造就了这些歧视。正如存在歧视残障人士的模式，运动残疾的流行病学也有一种模式，因为它并非在所有人群中随机发生。由意外事故造成的脊髓损伤是导致瘫痪的最常见原因之一，并且在年轻的工薪阶级中时有发生。这在很大程度上是因战争而受伤（一颗子弹或一块弹片划伤或切断了脊髓），从而造成了大量的轮椅患者。在越南战争中受伤的大多是男性，而且大多来自社会底层。我怀疑美国公众是否完全意识到那个时代征兵制度中存在的社会阶层偏见，但对于受过高等教育的人来说是惊人的，主要体现在当时的特权阶层可以推迟征兵。这些"天之骄子"毕业后相当安全，因为我想不到哪位哥伦比亚大学的校友会应征入伍。他们当中肯定有人会被战争选中，但我相信很少有人会去前线战场服兵役，这是黑人和蓝领白人的任务，他们也因此会成为脊髓损伤的最高风险群体。

　　同样地，阶层和性别因素也存在于日常生活中。今天，在美国城市里枪伤是造成创伤性截瘫和四肢瘫痪的主要原因。毫不意外，大多数受害者都是底层男性，而且多数是黑人，因为这种事情在哈莱姆或瓦茨发生的频率比在曼哈顿上东区或比弗利山庄更高。身体接触性运动是导致瘫痪的另一个原因，并且受伤的通常是年轻男性打工仔。还有一些人在工作中也会有类似的受伤。此外，车祸也是造成创伤的原因之一。正如每个保险公司的精算师都知道，车祸与年轻人和酗酒密切相关。另一方面，尽管女性创伤性病例不如男性多，但她们比男性更容易患多发性硬化症。实际上，许多其他的运动障碍与性别和阶层无关，但大多数瘫痪者仍然会将他们收入急剧下降的原因与较低的社会阶层地位联系在一起，不管他们是因何而瘫的。

　　残障人士在很多方面有共同点，但他们最大的共同之处是处于

第六章 自治之战

一个充满敌意的社会环境中，人性的和身体的障碍太大，以致很多人陷入了孤立。那些反抗的人，那些声称自己超越了这些障碍的人，可能是出于愚蠢，也可能是出于勇气——事实上，这在本质上并没有什么区别。

要理解残障人士为赢得社会合法地位而进行的斗争，我们就必须首先考虑有关斗争的法律，因为他们有许多合法的武器。1973年的《康复法案》(*Rehabilitation Act*)以残障者和盲人为主体，否决了理查德·尼克松的投票，当时他认为这项法案代价太高。它以1964年的《民权法案》为蓝本，将第十四条修正案的保护范围扩大到了残障者，其中的关键条款是第504条。该条规定：任何由美国政府全部或部分资助的设施或活动必须开放给残障人士使用。这显然包括邮局、联邦法院和其他政府设施，范围也延伸到了州、县和市一级。因为几乎每个学校和社区图书馆，许多的娱乐设施、医院和其他的服务设施都得到联邦政府的支持。全国各地的公共交通，从纽约庞大的地铁线路到爱荷华州苏城（Sioux City）的公交线路，也得到了联邦基金的资助，虽然其中的大部分对残障者来说仍然无法通行。而且第504条的适用范围不仅限于公共机构和项目，因为私立大学和学院在学术研究、奖学金发放以及学科建设方面很大程度上也依赖联邦财政的支持。可以说，《康复法案》的涉及面很广。

第504条的结果总体上取得了有益的进展，但该项立法并未包括执行的条例，而是将其留给了行政部门。卡特政府原本制定了一套规则，但在1981年被新政府立即搁置。从那时起，我们要么没有规章制度，要么就是削弱规章制度。尽管法律精神与法律实施之间存在鸿沟，但第504条的法律确立了一种不歧视的理想，得到了国会道德权威的充分支持。

影响残障人士公民权利的另一个里程碑式法案是"94-142号公共法"（Public Law 94-142），即1975年的《残疾儿童教育法案》(Education for All Handicapped Chidren Act)，该法案规定了残疾儿童的主流教育，及其在特殊项目中应享受同等教育权利。在可能的情况下，残疾学生必须被公立学校录取，并允许与身体健康的学生一起上课。如果遇到某些特殊问题（例如学习障碍）使这成为不可能，则必须要用公共费用提供替代设施。该法案使学校董事会和管理人员极为不满，他们朝着那些在欧洲有着悠久历史的设施大声反对。他们反对的一个原因是，与第504条一样，该条法律规定了变革，但没有提供资金保障来实施变革。最后，全国各州政府通过了各种措施，禁止在私人和公共就业、住房和公共住宿场所歧视残障者。正是因为这些法律，我们现在才能进入私营机构，比如剧院和商店。

让我们再从物理环境及障碍的角度出发，对坐在电动轮椅上的残障者进行调查。首先，轮椅是不可能爬楼梯的。一个人必须被抬着上下，而且每次都有可能撞到台阶上，这可是一件棘手的事情。我曾被缺乏经验的人抬着掉落在了地上，所以现在我常常拒绝需要爬两到三级台阶的邀请。这个问题限制了住房的选择，还限制了对工作和生活地域的选择，因为残障者不可能在有台阶的地方工作或休闲，也不可能爬上公共汽车的梯级或地铁的楼梯。

外面的世界充满了各种危险的陷阱。坐轮椅的最好地方是郊区，因为街上通常有人行道，而且有时候甚至没有路沿或坡道，还可以通过斑马线穿过街道。农村地区道路狭窄，没有人行道，这样对坐轮椅的人很不友好，容易发生侧滑。当然，有些小道也许可以使用，但大多数轮椅的轮胎很薄，又是实心，没有弹性，这导致了在坑坑洼洼的路面上行程会非常颠簸。至于在城市里，其可操作性取决于街角的路沿是否已被切断或做下沉处理。在整个城市范围内这样做的成本是令人难以置信的，许多城市遵循纽约市的政策，只有在修复人行道或街道时才设置适合轮椅通过的路沿。因此，有时人们可以通过改善了的路沿从人行道到街道，但还是无法越过对面未处理的路沿。上半身力量很强的下肢瘫痪者可以通过向后猛拉车轮，使前轮离地几英寸，再用力向前推，越过路沿。但如果手臂力量太弱的话，他们要么必须有人陪伴，要么就得依靠陌生人的善意。

然而，街道带来的问题相对来说还比较小。在我参加的每一次残障人士会议上，主要的抱怨是缺乏无障碍住房、就业和交通的困难。住房困难的程度因邻里而异，因城市而异，因地区而异，程度从环境恶劣到无法居住。纽约市的公寓空置率低于3%，这种情况对即使身体健全的人来说找房子也很困难；而曼哈顿的公寓空置率更是降到了1%，因为房东打算把没有租出去的单元改造成合租房，所以这一部分房子就没有放到租赁市场上。可以想象大部分可租的住房无法使用轮椅，游泳池也迅速减少。这还不算太糟，更糟的是纽约公寓的租金几乎是天文数字。在1986年，一居室的小公寓每月租金在800到1 000美元之间，而有单独卧室的公寓租金会更高，远远超出了大多数人的承受能力，更不用说残障人士了。美国其他地区的住房状况可能不那么严峻,但是到处都有租房成本高和空房率低的情况,这对残障人士来说是个难题。在全国范围内,廉价住房的短缺,这种严重的短缺使现在无家可归的人比大萧条时期要多,这些迹象表明,残障人士面临的惨淡处境还在恶化。

与此同时,并不是所有的公寓都能供坐电动轮椅的残障者使用。尽管大多数轮椅使用者可以在别人帮助下跨过一两个台阶,但在理想的情况下,这栋公寓楼应该没有门前台阶或设置了轮椅坡道。而且,如果个人想要有行动自由,楼里还必须有电梯。不幸的是,在美国的城市里,很多廉租房是无电梯公寓,这使得残障者的处境更加艰难。即使有一栋楼是进入方便的,但房间内部也可能不满足条件。比如房门必须要足够宽,能够让轮椅通过,大厅也必须足够宽,这样轮椅才能通过直角转弯进入房间。为了方便残障者,多数浴室都需要重新装修,在厕所和浴缸旁边安装上扶手。厨房的设计也必须使每一样设施触手可及。然而,房东们都不愿意做改动,而且无论如何,大多数人都不愿意让残障者住在他们的房子里。"它刚刚被租出了"是这个国家长期以来用来拒绝黑人居住的固定短语,现在已经成为一种防止残障者进入的借口。房东们以担心残障人士容易发生意外而使保险费上涨为理由,合理地解释了这种歧视,但这背后就是对残障者的厌恶。因此,试图呼吁房东大发善心是徒劳的,至少在纽约是这样,因为他们通常都冷酷无情。残障者从这些人身上想要的也不是同情,而是简单的平等对待,越来越多的人正在通过法律手段来实现这一点。

残障人士住公寓的最佳选择在于公共住房,许多城市会对残障者给予特别的照顾。此外,联邦政府支持的老年人住房的10%必须按照规定适用于残障人士,并为他们保留。因此,经常会有20多岁的年轻人与70多岁的老人成为邻居,而老年人通常不喜欢年轻人的行为。他们会播放震耳欲聋的音乐,举行喧闹的聚会,甚至沉迷于性行为。其他的老年人也认为残障者不应该享受那样的生活。尽管有补贴的公共住房是残障者住房的最佳来源之一,但最近的联邦住房政策紧缩,加上1981年的减税和近年来军事建设造成的巨大赤字,实际上这一计划已经被终止了。除了提供住房外,许多州和地方法令现在禁止对残障人士在销售或租赁方面的歧视,这是对种族歧视禁令的合理延伸,但所有这些法律每天都被房地产利益集团严重违反。

残障者也许能够进出自己的住所,但会发现因交通不便而无法前往任何地方。这是所有残障人士,尤其是坐在轮椅上的残障者面临的一个主要问题,也是他们政治运动的诉求之一。令人好奇的是,这让人想起了黑人民权运动,其根源在于罗莎·帕克斯(Rosa Parks)拒绝坐在亚拉巴马州蒙哥马利市一辆公共汽车的后座。然而,残障人士的抗议与其说是为了推翻不公正的法律,不如说是为了确保正义的第504条得到执行而进行的斗争。

在考虑残障人士的困境时,有必要强调在1973年《康复法案》之前,没有可行的方法可以满足他们的出行需求,除了被面包车或救护车运送到医院和诊所之外——这是对医疗保险或医疗补助接受者的免费服务。但对于那些没有得到公共支持的人来说,这是一种昂贵的出行方式。在这个国家,没有一辆公共汽车、地铁或铁路系统可供坐轮椅的人使用,尽管残障者也需要交税来支付这些设施的费用。直到20世纪70年代初,美国的航空公司一直拒载坐在电动轮椅上的残障者,理由很牵强,因为他们不能在紧急情况下撤离,甚至可能阻碍其他人的逃生。残障人士运动的第一个胜利是迫使航空公司放弃这些政策。然而，之所以取得这次的胜利，很大程度上是由于航空公司可以用微乎其微的成本安置这些残障者，而他们也可以成为新的付费乘客。

一直以来，地面交通是个更棘手的问题，因为车辆的改装非常昂贵。为了容纳轮椅，所有的地铁和高架车站都必须从街道到站台安装电梯；每辆车都必须为轮椅提供空间，并有系紧固定装置以防止其滑动；站台和车厢之间较宽的间隙必须采取伸缩板等措施。这对大多数人来说只需要跨很小的一步，但对于轮椅的小前轮来说，这却是一个危险的深渊。最近建造的地铁系统（例如华盛顿地铁或旧金山的公交系统）在设计时都考虑了残障者通行的可能性，但纽约、芝加哥、费城和波士顿的系统则没有。由于费用巨大，这些城市都在大规模改造旧的公共交通系统方面面临着很大的阻力。

大多数大城市都采用了第504条的规定：用其他设施替代。有些地方尝试使用带轮椅升降机的小型公共汽车；另一些地方则尝试使用出租车代金券，理由是这种代金券比重建的成本便宜得多。这听上去好像不错，但出租车经常会对坐轮椅的人视而不见。在纽约，一个黑人坐出租车去哈莱姆的概率要比坐轮椅的人去任何地方的概率都要高。

提供无障碍交通工具的最常见方式是配备轮椅升降机的公共汽车，但纽约市采用这种方式却是因为发生过一个警示性的故事。理查德·麦克报道说，只有在残障人士的强烈压力下，在富有同情心的民选官员的支持下，大都会运输署（Metropolitan Transit Authority，

MAT）才会同意购买配备电梯的新公交车。[①]最后，他们以标准的官僚主义方式，买了后门装有电梯的通用汽车（GM）的公共汽车，以及倒霉的前门装有电梯的格鲁曼公司（Grumman）的车辆。随后进行了数月的驾驶员培训，让他们操作这些简单的设备。但之后，使用无障碍公交车在路线上又进一步推迟了。显然，大都会运输署是在拖延时间，于是残障人士进行了抗议。有一位勇敢的女士从轮椅上转到一辆拒绝载她的公共汽车的梯级上，她在那里待了7个小时，当时来了一队警察和难堪的运输署官员，但对她几乎束手无策。这一插曲在纽约登上了每个电视台的晚间新闻，公交公司意识到他们的计策失败了。

麦克报道说，当这项为残障人士提供的服务终于开始实施的时候，有的司机仍然拒绝让残障者上车，他们声称电梯坏了或没有钥匙。尽管许多司机不愿意操作电梯，但越来越多的电梯公共汽车开始在更多的路线上运营，直到一场不可避免的灾难在纽约发生。在格鲁曼公司一系列的车辆故障后，大都会运输署撤回了该公司所提供的服务，只留下不到一半的装有电梯的通用汽车车队。在通用汽车中，司机必须到公共汽车的后部来操作电梯，这对司机的耐心是一个严峻的考验。因为即使在理想情况下，这也不是一件愉快的事——我在写下这些话语的那天，在《纽约时报》上看到一位坐轮椅的老太太哭诉说，她再不能出去了，因为她受不了司机暴躁的脾气。然而，并非所有的消息都是坏消息，1984年，纽约州州长马里奥·库莫（Mario Cuomo）与纽约市和大都会运输署签订了一项协

[①] Mack, unpublished manuscript.

议，计划在50个地铁站安装电梯，并将支线巴士和厢式货车的线路连接起来。经过多年尝试使用联邦法规，残障者团体通过诉诸州建筑法规赢得了他们的胜利。该法规要求在任何新建或新装修的公共住宿场所中，残障者都可以获得无障碍设施。

当然，对残障人士来说，最好的交通工具是私家车。但由于保险费率高，以及故意破坏、停车困难和盗窃等问题的存在，在许多城市都难以实现。此外，大多数人不能用社会保障津贴去买车。但是对于那些有钱的残障者来说，他们可以选择各种各样的驾驶辅助设备。普通轿车可以安装特殊的动力转向设备、手动刹车和对轻压力敏感的油门。一个患脊髓灰质炎的人如果手臂无力，可以用双腿控制方向。四肢瘫痪的人，他们的上身和手臂太弱，不能从轮椅转移到汽车座椅上，通常会购买有专门装备的货车。这些车配有轮椅升降控制装置、电动门和一系列可以让他们驾驶的小工具。但一辆全套装备的面包车要花超过2.5万美元！而还有成千上万的残障者仍然无法驾驶任何车辆，必须依靠家庭成员或付薪的助手来驾驶。因此解决残障人士的出行问题还有很长的路要走。

与此同时，州法律通常保护残障人士不受工作歧视，然而，在工作方面对残障者的偏见比在住房问题中更难解决。雇主声称雇佣残障者会损害他们的工人赔偿和健康保险合同，或者让他们承担诉讼责任——所有这些都不是真正的原因。与此密切相关的是一种信念，即残障者的身体疾病将会导致过度缺勤。但这是一种谣言，就像那句老话：女员工每月将缺勤三到四天（奇怪的是，这种弱点会让女性无法找到好工作）。一些雇主声称残疾工人的生产力不如健全的工人。事实上，情况恰恰相反，许多残障人士会通过努力成为优秀员工来弥补他们的身体缺陷。另一个经常使用的借口是残疾工人可能会排斥顾客或其他雇员，这也许是个问题，但可以通过人员安排策略得到有效解决。此外，大多数观察家的经验是，人们最终会接受残障者的存在，然后习以为常。

尽管如此，就业歧视仍然普遍存在，而且经常出现在人们最不希望有就业歧视的地方。我遇到了一位坐轮椅的年轻女性，她毕业于美国常春藤联盟大学最著名的法学院之一。她的资历很好，顺利获得纽约顶尖的律师事务所和公司的面试机会，但奇怪的是，没有一家公司愿意雇她。她用了一年的时间在纽约市这个世界法律贸易中心寻觅，最后在一个政府部门找到了个职位。她是最后一个找到工作的法学院学生。有歧视吗？当然有！她的潜在雇主知道法律吗？显然知道。这种歧视能在法庭上得到证明吗？一百万年也无法证明——这些人太聪明了，不会被抓住。残障人士必须时刻为摆脱这种偏见而奋斗。

残障者自身的身体素质和缺陷是影响其就业能力的重要因素。坐轮椅的残障者几乎无法承担所有形式的繁重体力劳动，尽管我也认识一些熟练的下肢瘫痪的机械师，他们在轮椅上能进行出色的轻装配和修理工作。事实上，上身和手都完好无损的下肢瘫痪者完全可以胜任这些任务。意识到这一点后，许多过去的职业康复办公室都有一项政策，把他们下肢瘫痪的客户送到手表制作学校，这和盲人从事扫把和藤椅制作是异曲同工的。不幸的是，在廉价电子表问世很久之后，他们仍然还在这样做，使得许多残障者发现他们的技能在有机会实践之前就已经过时了。最重要的是，即使一个人得到了必要的培训，成功地克服了偏见并找到了工作，其工作场所也可能存在轮椅无法进入的障碍。

因为大多数肢体瘫痪者缺乏机械工作所需的上肢力量和灵活性，所以他们的就业前景更为严峻。大多数职业康复机构的政策是只对他们认为可以雇佣的人员进行再培训。基于这些理由，他们经常排除四肢瘫痪者，实际上是告诉他们最好去领了残疾保障津贴后，再悄悄地远离公众视线。不用说，人们对各州康复机构的不满程度很高，自1982年以来，联邦政府对职业康复的支持力度不足更是加剧了这种情况。这些"经济"的逻辑是难以捉摸的，因为残障人士康复计划无疑非常划算。

残障人士的再教育可以将一个人从花税人转变为纳税人，而且一生中可以把数十万美元的储蓄返还给国库，这比他受适度教育的成本要高出许多倍。经济学家将职业康复投资的回报率定为9:1，我第一次读到这个数字时就大吃一惊，但在弗兰克·鲍伊1980年出版的令人钦佩的著作《美国康复》一书中，很显然这只是一个适度的估计。弗兰克·鲍伊指出，残障者有能力在多数人认为不可能的范围内实现完全的经济独立。① 举一个例子，以色列劳动力短缺，无力负担养老金领取者大军，所以让97%的战争伤残军人恢复了经济生产力，这为该国的经济和伤残退伍军人都提供了不可估量的好处。

鲍伊写道，明智的工作培训和安置政策可以大大减轻纳税人为老年人和残障者提供支持的负担，每年可节省数百亿美元。举一个

---

① Frank Bowe, *Rehabilitating America: Toward Independence for Disabled and Elderly People* (New York: Harper and Row, 1980).

最昂贵的例子，联邦基金每年花费20 000美元的学费和生活费，把一个残障者送到常春藤联盟大学。如果我们在这四年结束时再在购买一辆面包车上投入，总开支将达到100 000美元，这一数额将会令大多数立法者震惊。但是，来看看替代方案，如果同一残障者得到社会保障和医疗保险的支持，纳税人的年度成本将在7 000美元左右，这还是一个相对较低的估计。而受雇的大学毕业生将不再花任何钱，并且很可能每年能提供7 000美元的国库收入和社会保险税。按照这个速度，联邦的投资将在七到八年内付清，之后，一切都将是净利润。尽管康复计划是明智的，但最近政府采取的政策却是通过减少康复预算和削减残障者保障名单来节约开支。这是一种既浪费公共资金又浪费个人生命的白痴方法。

近年来，康复方面更令人鼓舞的发展之一是服务经济的快速增长。新经济及其技术一直是残障人士的解放力量，因为他们的虚弱并不妨碍他们在电脑终端前工作，比如采访福利救济对象或担任公司财务分析师。事实上，他们甚至可以参与初级生产，因为在机器人时代，机器人的控制者需要的是教育，而不是体力。这些都是残障人士（及女性）的新领域，新时代才刚刚开始。现在美国劳动力市场已经开始吸收平均生育了1.7个孩子的女性新就业者，因为许多行业已经很难招聘到年轻工人。我怀疑，在未来的卖方劳动力市场中，残障者也许突然会变得对雇主更为有利。

新技术对残障者的影响在电脑的使用中表现得非常明显，电脑已经取代了打字机、计算器、文件柜、纸张、画板以及其他许多残障者难以应付的东西。利用电脑可以打开门，打开音响，读书给盲人听，很快就会出现语音指令来激活设备。没有电脑，我不可能写完这本书，但我仍然无法想象我很快就会把一本书口述输入机器的一端，从另一端取出一份打字稿。许多残障者从事电脑编程，甚至更多的人进入了以前不属于他们的领域。现在多数残障者都能使用电脑，比如我认识的一个四肢瘫痪的高薪程序员，他用牙齿来夹住一支手写笔。电脑的用途不胜枚举，而且现在已经有了一个目录，里面是关于残障人士如何使用电脑的书籍和手册。

一个人只有通过高等教育而不是六个月的间断学习，才能进入新的经济领域。尽管经济拮据的职业康复办公室对残障者的转介人数倾向于减少，但全国各地的学校都迎来了残障者入学率的大幅上升。对残障者来说，纽约及周边最受欢迎的两所大学分别是长岛的霍夫斯特拉大学（Hofstra University）和新泽西州的拉马波州立大学（Ramapo State College）。这些校园的每一处都可以使用轮椅，他们安装了坡道和电动滑门，他们还改造了宿舍、浴室和电梯。令人鼓舞的是，有报道称，这些学校的学生和教职员工起初对残障者的出现感到震惊，但在几个学期后他们的存在变成了自然而然的事情。在健全学生的群体中残障人士不再显得突兀，他们一旦出现便吸引众人目光的情况也逐渐发生改变。现在他们已经融入了正常的生活场景中。

许多大学和学院也已经做出了调整，以符合第504条的精神，除了字面上的意义，这是对老牌院校有重大意义的一项任务。哥伦比亚大学就是一个很好的例子。哥大位于莫宁赛德高地的顶部，通过相互连通的台阶，校园分成四个不同的楼层。哥大多数建筑物的历史可以追溯到20世纪的前十年（哥伦比亚大学成立于1754年，但它占据现在的地盘仅90年）。这些由建筑师迈克金（McKim）、米德

(Mead)和怀特(White)绘制的漂亮建筑的轮廓也是这所大学的骄傲之一。然而,每一座美丽的建筑都有二至四个花岗岩台阶,而且大厅内还有更多用大理石制成的台阶。所以毫不奇怪,很少有坐轮椅的学生在哥伦比亚大学就读过。

1977年,当我坐轮椅回到校园时,就处在了一个新环境中,熟悉的旧环境已变得无法驾驭。教学楼的四周有几个金属坡道,有些太陡了,我需要两个帮手才能通行,在雨天还有滑倒的危险。人类学系不得不派一名助手帮我拿书,然后送我四处走动。我恼怒地给当时的哥大校长威廉·麦吉尔(William McGill)写了封信,他刚一收到信就来了我的办公室。他提议成立一个由我担任主席的委员会来解决这个问题,并向他提出具体建议。这听起来很可疑,就像是把投诉人放在研究委员会的旧官僚主义游戏,但麦吉尔向我保证,大学是认真地关注并遵守联邦的法规,而且已经委托了一项关于建筑的调查。在这样一个委员会任职,是我最不想做的事,更不用说担任主席了,但麦吉尔让人觉得既公平又正直,于是我接受了这个提议。当我打电话给机会均等和平权行动办公室(Office of Equal Opportunity and Affirmative Action)时,我的信心又有点动摇了,因为这个办公室主任将担任委员会执行秘书。但我的电话转接到了录音回复,这提示我打了一个没用的电话。然而几周后,一位新的主任罗莎琳德·芬克(Rosalind Fink)上任,很快成为委员会的推动力。

大学信守了承诺,麦吉尔也支持这项工作。他的继任者迈克尔·索文(Michael Sovern)也延续了委员会的工作。在五年的时间里,该大学在我们提议的改建上花费了超过70万美元。他们安装了一部电梯,可以把人们从一个楼层运送到另一个楼层,还用永久性的低坡度的坡道将其他楼层连接起来。大楼的入口做成了倾斜的,内部的台阶再由轮椅升降机连接。这样的电梯能到达体育场,即使残障者不能使用壁球场和跑道,他们也可以享受健身房和游泳池。不仅如此,我们还翻新了大多数建筑物的洗手间,以便容纳轮椅;降低了电梯控制面板,增设了带盲文的楼层按键;我们甚至降低了许多饮水机的高度。五年后,只有两栋楼仍然无法进入,如果一个坐轮椅的学生希望上课,可以通过将其所在班级转移到另一栋楼来解决这个问题。这是一项漫长而复杂的任务,但是在我担任大学公共机构职务的所有年头中,这是唯一让我满意的工作。我们被赋予决策权和财政预算权,我们的成本仅是最初估计的三分之一。

大多数学校现在向残疾学生开放,尤其在入学人数下降的时期,学校很乐意招收残疾学生。这些学生不仅选择电脑专业,他们也注册医学和法律专业,几乎所有学科都有这样的本科生或研究生。他们的数量不多,但每年都在增长。他们意识到也许会在就业市场上受到歧视,但他们也清楚在将来所从事的职业中,他们身体的缺陷很大程度上与他们的潜力无关。

许多残障者会从事专为残障人士提供社会服务的职业。他们成为心理学家、社会工作者、同伴顾问、言语治疗师、工作顾问等。在这些领域里,他们的弱点成了一种优势,他们做得很出色。令人惊讶的是,有时残障者甚至在这些工作中也会受到歧视,但概率远低于私营公司,这些都是实现自主的途径。这个群体之所以有趣,还有一个原因,就是他们在残障人士维权组织中非常活跃。

1973年的《康复法案》极大地激发了残障人士的意识,使他们意识到他们不仅仅是各种各样的受损个体，同时他们也是一个社会阶层。改善性立法的诞生为他们争取公民自由提供了一种武器，但通常被忽视的是，它公开承认了许多人的感受，即他们是系统歧视的受害者，是受压迫的人群。因此，残障人士有着共同的集体利益，每个人的命运都牵涉到其他人的命运。由于这种新的自我意识，出现了很多残障者组织，以及一种新的积极主义和战斗精神。历史学家克莱恩·布林顿（Crane Brinton）发现，革命不是从绝望的深渊中产生的，而是出现在期望值提高的时期，即人们认为理想可以实现的时期。1973年的《康复法案》及第504条点燃了残障人士的希望。

当然，在20世纪70年代之前，有许多残障人士维权组织。然而大多数组织都倾向于提供医疗支持，就像几乎所有特定疾病的慈善机构一样，它们中没有一个管理者是接受资助的人。在政治导向的自助团体中，最古老也最杰出的团体可能是美国瘫痪退伍军人组织（Paralyzed Veterans of America, PVA），这是第二次世界大战后由脊髓损伤的退伍军人组成的。通过与退伍军人管理局争取其成员的权利并代表他们游说国会，PVA组织开始了自己的事业。自那以后，他们不断扩大视野，像美国东部瘫痪退伍军人纽约办事处在成功开放纽约地铁的运动中提供了物质支持，以及政治和法律的专业知识。因此，近年来瘫痪退伍军人组织成为残疾群体保障事业发展的领导者和典范。

促进残障人士权利运动蓬勃发展的另一重要因素是最近的联邦政策。自1981年以来，行政部门提交给国会的每一项预算都大幅削减了对残障人士至关重要的项目开支，只有国会全部或部分否决了这些预算，才能使绝望的局面不至于变成一场彻底的灾难。我已经提到过联邦住房计划的终止（它曾经是残障人士住房的主要来源），现在又涉及职业康复基金的损失，医疗保障和食品券的大幅削减也加剧了残障者的困难。因为大多数坐轮椅的人都是失业人员，所以由补充保障收入（Supplemental Security Income, SSI）或社会保障残疾保险（Social Security Disability Insurance, SSDI）提供支持。1986年，社会福利署每月支付367美元，而家里有两名需要抚养的人，社会福利署的平均津贴约为870美元。食品券有助于他们弥补这些微薄的津贴和维持生计的收入之间的差距。社会保障计划也将医疗保险列入清单，但这些福利在过去四年中已有所减少。

根据1980年的人口普查，在16岁到64岁之间的美国人中就有12 320 000个残障者，约占总劳动力的8.5%，他们的身体缺陷限制或完全阻碍了他们有薪酬的就业。[①] 他们比身体健全的工人平均大16岁，受教育程度也明显较低。弗兰克·鲍伊明智地将其解释为残疾的原因而非结果，因为受教育程度较低的人在从事体力劳动，或在步兵部队服役，而这些都是高风险职业。[②] 正如所料想的那样，残障者的收入水平远远低于非残障者。1980年，残障者的平均收入约为非残障者收入的62%，[③] 十分之一的健全人收入低于贫困线，而残障者的这一比例为四分之一。造成这种差距的部分原因是受教育水平的不足，但主要是由于58.2%的残疾男性和76.5%的残疾女性

---

① Bowe, *Disable Adults in America* (Washington: President's Committee on Employment of the Handicapped, 1983).
② Ibid., p.14.
③ Ibid., p.4.

完全没有劳动力,并且严重依赖公共援助。①

　　1981年以来,福利的减少既吓到了残障人士,也激起了他们的斗志,许多人加入了残障人士组织,以此作为集体抗议的一种方式。在许多情况下,他们的警觉促成了更大程度上的恐慌。1980年,国会要求社会保障行政部门重新审查残疾登记册,从名单上去除那些条件已经改善到足以让他们重返工作岗位的人。自1981年以来,基于这种号召,政府一直进行例行的重新评估,以对该计划进行全面削减。索赔审查员基于一套严格的指导方针,要满足配额限制。评估员粗略地检查了档案之后,在几乎没有进行重新医疗评估的情况下,就发出了成千上万份终止福利的通知。通知告知了受资助者可以向行政法官申诉的程序,但行政法官也有配额的限制。由于预计会有大量的上诉,因此这个过程可能需要几个月的时间;如果败诉,也可以向联邦地方法院上诉,这可能需要数年时间。而且,不幸的受害者会永远没有收入。

　　这个项目带来的危害很大。我记得之前有一位精神科的社工,多发性硬化症的恶化迫使她退休,她含泪问我她该怎么办。除了建议她上诉,同时申请福利外,我没有其他答案。数以千计的人不得不走这条路,这意味着一个无良的政府对他们又一次的羞辱。除了许多人对靠救济生活感到羞耻之外,即便有"福利女王"和"救济奢侈"这种自私的乡下人的传说,当地的救济通常比社会保障要低得多。为了获得医疗保险,许多被终止了社保项目的人不得不去申请救济,因为他们的医疗保险资格在他们的残疾养老金被取消的同时也取消了。

---

① Bowe, *Disable Adults in America*, P.22.

该项目对残障人士中影响最大的是那些精神病患者,精神病患者往往不了解自己的遭遇,许多人只是扔掉了终止合同的信函。这些案件在媒体上被广泛报道,政府最终被迫宣布放宽相关的规定。然而,直到国会强制暂停复审之前,政策的变化并不大。在向不设配额的联邦法院提出上诉的人中,很大一部分案件已恢复原状。但上诉人数之多超过了法律援助团体的资源负荷,这些团体也受到了联邦资金减少的影响。更糟的是,尽管法院强制要求这样做,卫生和公众服务部仍然拒绝把有利于残障人士的法院判决视为适用于同类型其他案件的集体诉讼。这迫使每个上诉人都要按独立的案子推进案件,这一程序使全国各地的法庭日程受阻。有的病人或残疾人可能会在他的案件被审理之前死亡——已经有数百人死了。在这场反对残疾计划的战争中,最新的动向是1986年的一项提议,即为这些上诉设立特别法庭,当然法官由总统提名。正是政府这种顽固的、不切实际的坚持,使许多残疾人感到自己被当地政府抛弃了。

所有这些行动的结果是扩大了残疾人团体的队伍,并促进了激进的政治行动:有集会、公开的游行示威、国会议员的游说、写信运动、纠察线,甚至还有一些示威静坐。他们取得了不错的战果。议员们同情地听取了他们的意见,他们也收获了残障人士组织吸引来的大批群众的感动。这本身就是一项重大成就,因为交通问题,残障人士很难出面抗议这些棘手的问题,这是一种巧妙的双重约束。而来自残障者的邮件数量甚至使最保守的民选官员都感到震惊,之后在此类问题上对政府的支持也有所减弱。

随着猛烈的攻击平息下来,许多团体失去了善良与正义之战所产生的一些活力和热情,但斗争取得了显著的成就。首先,残障者进行了政治组织策略以及法律方面的教育。最重要的是，它取得了一定程度的胜利，团体成员们发现反击和胜利是可能的；他们不必被动地接受外界带给他们的一切。这种社会服务客户的态度在许多残障人士中普遍存在，他们对外部机构和人员的依赖在性格中内化，并在世界观中表达出来。他们经常问残疾人组织的代表："这个组织能为我做什么？"通常的回答是："没什么。它只会给你一种帮助自己的方法。"他们做到了。许多人在参与这一活动时鼓起了勇气，因为在某种程度上，他们不再像残障人士一样。

任何与被压迫做斗争的持久利益不是有形收益，而是参与者意识的转变。残障者更新并修复了他们受损的自我，他们更清楚地看到自己是一个利益共同体，有着共同的目标。他们还在这些组织中找到了友谊——与其他有类似问题的人，可以通过社会上普遍适用的特殊平等主义接触到他们。坐在轮椅上的人不必担心另一个坐在轮椅上的人会对他做出怎样的反应。他不必在意那闪烁不定的目光和装腔作势的问候，也不必费心让对方放松。一开始，一个人很难接受他与盲人、聋人和肢体残障人士的共同身份，一旦这一障碍被打破，他或她就会在彼此之间找到一个逃避外部世界紧张而有缺陷关系的避难所。毫无疑问，残障者人权保障运动是目前最有效的康复形式之一。

残障人士组织的另一项成就是使公众意识到他们的存在和需要，这也是1981年国际残障人士年（International Year of the Disable Person）的主题和目标。与偏见做斗争的最好方法是，通过干涉人们的观点和看法，把受到鄙视和回避的人们带入不能避免的和他们的接触和联系中，来解决这个问题。这样做的一种方法是诉诸法律。与民间谚语相反，你确实可以为道德立法，我们一直都在这样做。

社会心理学家利昂·费斯廷格（Leon Festinger）在其著作《认知失调理论》中写道，当价值观和态度面临一个矛盾的、不可避免的社会现实时，人们往往会改变他们的观点。[①]在一个行话流行的时代，人们常说："如果你不能打败他们，那就加入他们。"现在南部的白人已经在过去曾经是他们专属领域的公共汽车和剧院中接受了黑人，我看到整个郊区的街区在一栋房子卖给了黑人家庭变成*既定事实*后，他们的种族态度都变得开放起来。再也没有人盯着女警察看两次了。同样地，随着身体健全的人们在公交车、剧院、学校和工作场所中对残障者越来越习惯，他们的偏见也会变得不那么明显。我相信变化已经朝着这个方向开始了。

残障者运动的主要目标不是培养依赖性，而是使残障者作为自主的个体进入主流社会。但正如我们所看到的，这个过程中障碍是巨大的。残障者首先必须克服时刻要逃回自己的内心、把自己裹在身体缺陷外壳里的冲动。他必须克服自卑感，摆脱孤立，融入一个不欢迎他的世界里。对残障人士来说，现实世界在他们的身体和社会中竖起了一道不可逾越的歧视高墙，但他们一直在试图缩小这些障碍，打破自我，摆脱束缚，强迫自己过上一种正常而丰富的生活。

在寻求自治的过程中，许多残障人士加入了"独立生活"团体。这些组织的目标是让他们的成员能够作为社区中完全发挥作用的参与者而独立生活。一个人无论是加入这样一个组织，还是独自行动，自主生活都需要一定的身体能力。他必须能够上下床和上厕所，并

[①] Leon Festinger, *A Theory of Cognitive Dissonance* (Stanford, Cal.: Standford University Press, 1962).

且必须能够自己进食和穿衣。对于残障者来说，这需要上半身的重要功能。手臂无力的人不能支撑着把自己从座位上挪出来，然后侧向移动到床上或厕所里。手指僵硬的人也不能扣衬衫或系鞋带。因此，晚期的四肢瘫痪者需要个人护理，护理员可由家庭成员或由私人基金或医疗保险支付报酬的专业人员担任。但这也有困难，因为要获得医疗保险，必须接受社会保障残疾保险（SSDI）或补充保障收入（SSI）；但要获得医疗补助的资格，则必须是贫困的。

因此，大多数残障人士宁愿去工作，哪怕是在低收入的工作岗位上，也不愿意靠社会保险金来生活。但如果他们的收入超过了某个非常低的限额，他们就会失去养老金和政府医疗保险。这很关键，因为他们的医疗费用通常比普通人高很多。即使他们的医疗费被雇主的私人保险计划所包括，这些计划也不会支付护理员和某些昂贵设备的费用。在这样典型的困境中，许多残障人士无法就业！

社会保障的官僚机构及其错综复杂的规章制度往往会引发悲剧。一位年轻的加利福尼亚州妇女努力找到了一份报酬很低的工作，结果却发现她失去了补充保障收入（SSI）津贴和医疗保险。她本可以接受这一点，但随后她又被告知，她还欠政府1万美元的超期付款，要立即支付，否则将会采取严厉措施。后来那个女人自杀了。[1] 尽管大多数受害者没有自杀，但这种情况并不罕见。因为残障人士在各种规则下被迫退出劳动力市场，这些规则在完全依赖和独立之间没有中间立场。

在另一个案例中，一名截瘫的新泽西州男子组织并计划了一

---

[1] Bowe, *Rehabilitating America*, pp.152–154.

个项目，想为只需要有限看护的坐轮椅的残障人士建造一栋租金补贴的公寓大楼，该项目将由当地的两名雇员执行。据推测，这种公寓可以让残障租户在家工作。这个人通过联系联邦住房管理局（the Federal Housing Administration，FHA）争取该计划，后来又通过州、县和地方政府的规划委员会和分区委员会，最终他的梦想实现了。公寓开始施工后，邀请了包括他在内的人士去申请新屋，并把申请送交联邦住房管理局处理。但在申请截止的时候，联邦住房管理局给他发了一份拒绝通知，理由是他在县政府的工作中赚钱太多。由于该项目的资格要求过于苛刻，以至只有未就业的养老金领取者才有资格，这否定了该项目的初衷，并且，在此过程中将其创始人排除在外。后来经过两名国会议员和两名新泽西州参议员的努力争取，才让联邦住房管理局放松了一点资格要求。残障人士为实现自主的、能工作的公民权利所做的努力，再一次被那些本应帮助他们实现这些愿望的机构所挫败。由此可见，政治体系本身促进了这种依赖性。

因此，需要智慧、勇气和毅力的罕见结合，才能克服对残障人士心理和身体的隔离，这种力量来自一个暗中能看到自己墓志铭的社会。然而，年轻的残障者每天都在这样做，尽管他们经历了种种困难和斗争，但他们正在取得胜利。像那位坐轮椅的年轻律师现在有了一份出色的工作，那位县政府雇员也已经搬出了父母的家，住在自己努力争取来的综合大楼的舒适公寓里。追求自主的强烈愿望使成功人士与众不同，他们通过极大的决心和不懈的努力，已经进入了社会生活的主流。无论他们能不能融入社会，他们的斗争都使他们与健全的同伴不同。他们有不同的历史，走不一样的路；然而，这种差异是积极和创造性的，因为他们的自我主张是对生命的深刻庆祝。

第三部分

活 着

第七章

黯然无语

> 月色下似乎万籁俱静……很快，他的躯体也安静下来，他自由了。
>
> ——萨缪尔·贝克特[①]
> 《莫菲》[②]

脊髓手术六个月后，我开始意识到自己进入了低谷期，这段时间的康复效果非常差。我在客厅里来回走动进行锻炼，但无论是在距离上还是在耐力上都没有提高，并且每周两次的一小时物理治疗也不见成效。上门的治疗师采用和医院康复科相同的方案。借助他的力量，我双手与双脚同时用力，撑起身体、翻身、坐起，然后从床上移动到轮椅里。这一系列动作显示，前六个月里我的力量有所增长，但现在这一趋势已经结束。物理疗法的奇迹仅仅发生在神经

[①] 萨缪尔·贝克特（Samuel Beckett，1906—1989），20世纪的文学和戏剧大家，出生于爱尔兰，并在都柏林的三一大学就读。1928年，他第一次访问巴黎，并与包括詹姆斯·乔伊斯在内的一些前卫作家和艺术家生活在同一个区域。1937年，他永久定居在巴黎。——译者注

[②] 译文出自曹波、姚忠译《莫菲》，湖南文艺出版社2016年版。《莫菲》的主人公莫菲陷入笛卡尔式的二元世界中，最终因为追求内心世界而死亡。这段话正是对其死亡场景的描述之一。——译者注

疾病的范围内，而我已经到了那个边界。

身体退化发出的信号虽然微弱，但确切无疑。这个过程虽然缓慢，变化很小，以至一天又一天，一周复一周地都难以察觉，但我能感觉到时好时坏，并且这与未来有着千丝万缕的联系。身体状态每况愈下，找不出别的原因，我就把它归因于天气。1978年，在那些阴暗的日子中的某一天，我发现轮椅上的我竟然无法将右腿（好的腿）搁到几厘米高的脚踏板上。我不得不用手抓起大腿，才能完成这个动作。这原本是左腿的情况。第二天，我的右腿恢复了正常，但之后的一个星期又出现同样的毛病，然后是频繁发作，直到右腿最后完全抬不起来了。这种看似偶发的小毛病，都预示着以后将会有大麻烦。

肿瘤在持续、快速而不可逆地扩散。我每个月都在记录神经系统的恶化情况，就像观察野草生长一样有意思，因此我也可以总结出从1977年到1979年间身体退化的情况。大概一年后，行走变得更加困难，左腿重得如同长在地板上，同时右脚既抬不到以前那么高，也挪不到之前那么远。最后，我惨到拖着腿蹒跚而行。到了1978年底，因为害怕摔倒，我干脆放弃了走路。当然，我还是能站起来，并在有人搀扶的情况下走几步，比如从轮椅移动到床上、扶手椅上或者厕所里。

用进废退。一个人用腿的次数越多，腿部力量就越大；相反地，不用则会导致它迅速萎缩，某些功能丧失。所以不走路的后果就是最终导致我的双腿退化加速，还削弱了从椅子里或床上起身的能力。起床因此成了件麻烦事。人坐着的时候膝盖会弯曲成直角，只有正常的人才能自行站起。一个人如果需要使用背部和手臂才能有足够的力量站起来，则是年迈的显著标志。同样，双腿虚弱的人也必须依靠手臂把身体撑起来，直到腿能完全伸直，然后才能完成接下来的动作。这些年来，我的胳膊和手变得越来越虚弱了，但在1978年，我仍然有足够的力量做一个俯卧撑。问题出现在腿应该承担功能的时候，我不知道的肿瘤恶化和转移在悄无声息地侵蚀着我，让我大腿的某些功能不断地丧失。直到有一天，我在站起来的过程中沉重地摔倒在椅子上，我才意识到站立需要腿部提供力量支撑这一点是多么重要。但我的腿让我彻底失望了。

我甚至无法站起来了，情况恶化到了要背水一战的境地。身体机能的衰退发生在内部，缓慢而难以察觉地积累着，并突然表现为功能上的重大转变。我的腿已经无法承受140磅的身体重量，我的胳膊或许还能有120磅的推力，但它不够长，也不足以把我推到更高的位置。我感到自己就要在一周左右的时间内，或不久的将来彻底丧失站立的能力了，这是一个不祥的征兆。而这就发生在1978年11月那个湿冷又多雨的冬天，当时我想要站起来上车却无法做到。对此我记忆犹新，因为那天我们正准备去参加玛格丽特·米德[①]的葬礼。

玛格丽特的葬礼在哥伦比亚大学圣保罗教堂举行，在教堂的中央过道那里，我坐在轮椅上，回忆起人生中那无法割舍的在哥大的美好时光。上一次到这座教堂还是在1968年，当时在这里召开了教职员工的紧急会议，商讨学生罢课的问题。学院的同事们批评了大

[①] 玛格丽特·米德（Margaret Mead），美国人类学家，著有 Coming of Age in Samoa (1928)、Sex and Temperament in Three Primitive Societies (1935)。——译者注

学管理部门对危机的处理方式,导致会议的气氛就像暴风雨前的乌云一般凝重。而更早之前的1950年,尤兰达和我在这里举行了婚礼。当时,我们都是哥伦比亚大学的人类学研究生。这座校园,是我们浪漫的起点,也记录着我们爱意最浓的时刻。

我在哥伦比亚的生活始于1946年到哥伦比亚大学校园进行新生入学注册。从海军退役7个月后,我作为一名普通船员完成了从不莱梅哈芬港(Bremerhaven)到南安普敦(Southampton)的任务,然后乘船航行了几天,最终抵达了这座城市,并完成了哥大的入学注册。我一直以来都有接受高等教育的愿望,却无力负担,它和大萧条时期购买其他商品一样,都是属于经济问题。但《退伍军人福利法案》给我提供了接受大学教育的机会,我们像一群饥饿的野蛮人一样进入了校园。这也是美国历史上第一次将高等教育向边缘群体、下层民众、外来者以及不受欢迎者开放。大学不再由中产阶级垄断,随着这个壁垒的打破,民族和种族壁垒也开始瓦解,由此产生了世界上最壮观的社会阶层大流动,从中所涌现出的人才在接下来的30年里为美国经济带来了空前的持续增长。从经济学视角看,这是美国有史以来最好的投资。

我们中的很多人都来自这样的家庭:能够读完高中毕业就被认为是已经足够了,我们对大学生活是什么样的毫不知情,而我对博士是什么更是知之甚少,也不知道如何获得学位。第一次听说人类学是在1947年,当时我请一位朋友推荐一门既简单又有趣的课程。"人类学!"他立刻回答。我说:"那到底是什么?"和同辈群体的很多人一样,在非学术方面,我们的眼界和经历远超过象牙塔中大部分学生的认知范围,但我们却缺乏完整而系统的通识教育。哥大接纳并培养我，激发我的潜力，鼓励我成为我理想中的人，并竭尽所能地去追逐梦想。哥大为我的人生打开了一个超越我想象的丰富世界。

得益于哥大充满活力的通识教育传统，我的大学生涯宛如一场持续而欢快的宴会。在哲学中，我发现人类探寻永恒甚至偶然的意义，以及对人类处境的解释。在人类学中，我找到了一种以有序、可控的方式探索这些问题的视角和方法，这门科学的想象力在于允许人们能够在它的范围内研究几乎所有人类的事物。哥大成为我的理想之地，在这里我的归属感甚于在家乡，而荣耀感甚于在军队。我曾当过三年的海军士兵，更早几年曾在曼哈顿市中心工作，很难说我更不喜欢哪个，所以我决心留在哥大。哥大在培养我们这群特殊的学生时，可能没预想到我们会在学术之路上越走越远。

从手术结束到1979年这段时间里，我的学术生涯还在正常轨道上。虽说和大学以及学界的交流逐渐减少，但不少的同事、学生还有很多朋友都在支持着我。我曾经说过，有些朋友不懂得如何与一名病人打交道，因此他们很少来看我；还有人在我刚失去能力的时候来探访过，但随着我病情加重到永久性瘫痪后，他们再也没来过；更糟的是那些不来的人会感到内疚，这使我们的互动交流变得更加麻烦。有个朋友很少到我家来，但他总是在我住院的时候来看我，而我们是住在同一个街区的。他意识到了这一点并感到有点困惑。我猜测他和其他人的这种行为与我身体状况的不确定性有关。因为在我住院的时候，朋友们会意识到我出事了，情况还有点不妙。在医院的我就是个患者。

"不确定性"在我重返人类学系后几乎消失，但出现了另外一个问题，那就是有些人对我的回归非常热情，似乎在我身上笼罩着神圣的光环。重度残障人士能体会到我这种奇怪的困境。如果想要融入普通人群，他们必须表现得很坚韧，不抱怨悲惨的命运；否则，人们会对他们敬而远之。但这也会导致大家视他们为英雄，给他们的社会交往带来巨大的压力和矛盾心理，从而落入另一种尴尬的处境。事实上我一点都不勇敢，反而和同时代的大部分人一样，只是个幸存者。这些年来，我一直避免被大家视为英雄，尽管这种光环很有魅力。但我清楚地知道英雄会受到社会的疏远，若这种英雄光环与人们下意识远离残障人士的心理相结合，只会让我进一步被人群孤立。此外，我关注现实生活，竭力将整个职业生涯都奉献给我所生活的世界。通过这种方式，我尽量避免那些打破传统的人的命运：那些打破偶像的人，有可能成为新的偶像。

某种程度上，我对正常生活的坚持卓有成效。随着时间的推移，一直敞开的大门让我的办公室成了系里的社交中心。我不得不让办公室的门整天开着，因为坐在轮椅上要去反复开门比较困难，而且我的嗓子也受不了整天大喊"进来"。但近来我突然意识到，可能这件事情背后隐藏着某种巧妙的机制。因为我发现在办公室情境中，与小团体打交道比个人更轻松。一对一交谈会产生印象管理的问题——如何让对方忽视我身上发生的意外事故，进而让谈话正常化，你不得不在这个艰难的过程中微妙地处理好你的角色问题。一对一的谈话还会造成其他问题，比如双方可能会侵犯到对方的私人领域，但这种情况通常不会发生在团队会议中。在这样的环境中，我的私人空间反而是最安全的，我可以躲进我的教授角色，用职业权威和幽

第七章 黯然无语

默来保护自己。我在开放的同时也保留了某种封闭性，但并不只有我是这样，因为任何的社会互动都有两面性，每一次结合都会造成分离。

不管什么情况，我的办公室经常有人来访，相比之下我在人类学系算是个忙人。同事们会过来聊天，有时是谈公事，但更多的时候是抱怨生活对中年人的压迫感和不公平。然而，最经常来访的是研究生。他们在答疑时间过来，一直待到讨论完他们的问题。所以我的办公时间会延长。并且，当研究生的正式话题讨论结束后，一个小型的非正式研讨会就开始了。这种轻松的、非正式的交流具有相当大的教育价值，但也有其弊端。可以理解的是，许多学生不想在第三方面前讨论他们的想法，我不得不与他们进行另外的讨论。事实上，是他们的烦恼让我意识到我自己的社交距离策略。

正如我所说，残疾使我和学生的关系发生了质的变化。当然，这也与我的年龄有关，我已经成为教育学术资历较深的前辈了。教学团体中青年教师是主力军，老教授的数量不多。偶尔也有例外情况，但这是学术界的一贯传统。对于老教授而言，见惯了学生、院长甚至规章制度的变化。与年轻的同事相比，他们对学术事业的看法往往更加尖锐或者持一种批判的态度，而且他们早已过了以牺牲学生为代价来展示自己高标准和学术严谨的阶段。成熟老练的教授会向学生们偷偷眨眨眼，然后变通规则。当然，这就是资深老教授的优势。这为学术系统提供了正常运行所必需的颠覆性措施。老龄教授与残障人士的身份的结合，让我变得更加亲近学生。

我又一次醉心于教学，这也是上述师生关系模式的一部分。这同样符合刚坐上轮椅那几年我的心态，我试图通过否认身体的残疾来坚持"旧我"。这种"否认"与其说是拒绝承认过去、现在和将要在我身上发生的事故——这是无法压抑的——不如说是不愿意接受它在我日常生活中造成的后果。我非常清楚地意识到我的健康状况很糟糕,也没有刻意向他人隐瞒。但我不愿承认我在社交或行为上有缺陷,并加倍努力向他人和自己证明这一点。我在日常情况下表现得相当成功,因为人们很惊讶听说瘫痪如此严重地折磨着我的思想,而我很少表现出来——但它确实如此,折磨着所有受损人的思维这种表现在学校里几乎被我发挥得淋漓尽致,一位年轻的同事评论说,她从来没有把我当作边缘人物,而是看作重量级的局内人。她说得没错,疏远往往与情境有关,所以工作对我而言非常重要。

教学是我人类学生涯的重要组成部分,但该学科的独特和决定性特征是田野调查或民族志研究。它经常要在遥远的地方,在异国的人们中间,在艰难的条件下进行,这些给人类学增添了一种独特的浪漫气息。尤兰达和我完全遵循这一传统。我们在亚马孙部落和非洲游牧民族中调研,我们在丛林里跋涉,乘着独木舟在激流中航行,在篝火旁与文身的印第安人一起吃饭。我们看到的事情,很少有人有幸目睹,而且永远不会再存在;我们曾经到过的地方,已经化为历史的记忆;我们恍若进入了一个即将消失的宇宙。但这些事情我们已经不能再做了。

时间拨回到1979年,我们因长期远离实地调查而变得焦躁不安,但同时对身体瘫痪所带来的社会和文化层面的变化愈发兴趣浓厚。最先引发我对这个话题兴趣的是自身环境的变化,而阅读相关的文献资料后,我的兴趣加深了。这些研究大部分是由社会学家、社会心理学家、社会工作者、护士和医生撰写的,但作品的质量参差不齐，有一流的社会理论，也有我在人文科学中读过的最差的东西，其中还有一些非常糟糕的事情。不过很快我发现，没有人类学家发表过任何关于残障者社会生活的文章，而他们是一个极具研究价值的群体——与一般人群截然不同，在适应社会生活方面也存在着不同的亚文化现象。

关于人类学家对残障人士的态度，我一点都不惊讶。因为人类学起源于对原始社会的研究，即没有文字的、技术简单的社会，这种旨趣至今仍是人类学的标志。人类学诞生的早期，关注原始社会是个明智的选择。因为它们正在迅速消失，迫切需要记录原始部落的生活方式。然而，到20世纪三四十年代，人类学家越来越多地转向研究民族国家（如印度、中国和墨西哥）的农民群体。第二次世界大战后，人类学的从业者扩张，并涉足不同的领域。20世纪60年代，许多人开始在美国城市中进行田野调查。然而，大多数城市研究都是在这样或那样的少数群体中进行的，这与该学科对文化差异的迷恋相一致。再后来人类学家的注意力也扩展到对疾病的文化信仰和实践的研究。1980年，加州大学洛杉矶分校（UCLA）对发育障碍展开研究，确立了残障群体的人类学研究体系的基础，但在此前也有一些零散的研究，比如约翰·格沃特尼在墨西哥的一个村庄中对盲人的开创性研究[1]等。尤兰达和我认为，残疾群体的研究领域缺少人类学的方法和视角——一种公认的沙文主义观点——因此我们着手纠正这种情况。

---

[1] John Gwaltney, *The Thrice Shy: Cultural Accommodation to Blindness and Other Disasters in a Mexican Community.* (New York: Columbia University Press, 1970).

开展一个研究项目的第一步,也是最核心的一步就是筹集资金,但这要求我们对所研究的主题有充分的了解,并起草一份研究计划书。我们向美国国家精神卫生研究所(NIMH)提交了一份基金申请书,希望能获得一小笔拨款用以进行探索性研究。在NIMH的支持下,我们对已发表的作品进行了深入的文献综述,并开始了我们的首次访谈。根据前期发现,我们重新向NIMH申请了更大的为期两年的项目资金申请,后来惊讶地发现申请被转交给了国家神经、语言障碍与中风研究所(NINCDS),这是国家卫生研究院(National Institutes of Health)的一个部门,我们以前从未听说过。

这个题为"瘫痪者的社会关系与微观生态学"的项目,计划研究时间为两年,由我和尤兰达共同完成。另外还有两名研究生在我的指导下,各自从事自己的子项目。我们的目的是调查和分析残障人群适应美国文化或简单生存过程中的行为和态度,用以探讨这些瘫痪者的行为策略及其他们的社交圈是如何应对身体变化的。与其他研究的明显区别在于,我们研究社区居民,包括独自生活的或与家人共同生活的残障人士,而不是医院里的患者。同时,这个项目强调深入访谈的方法以及人类学家特有的收集数据的"参与性观察"技术。通过这种方式,我们的研究并不打算借助大量的问卷,而是通过与小群体长期紧密的联系来进行。

"参与性观察"只是个冗长的术语,并没有多大意义。它仅仅是指研究者生活在研究群体中,参与他们的活动,观察他们的行为,并在遇到不懂的事情时勇于提问的一种人类学实践方式。当你研究亚马孙腹地的某个印第安部落时,就会发现这并不花哨,而是一种简单且必要的技巧。毕竟在田野中,你不可能在下午五点就收拾好笔记本回家。同时它也有重要的方法论优点，与调查研究不同，它允许研究者了解与实际行为相反的态度和价值观。这一点至关重要，因为人们经常会言行不一致，甚至有时候会否认自己正在做的事。更进一步地，大多数人类学家认为，一个人不可能正确地理解社会行为表达范畴之外的文化符号，或脱离符号表达的行为。①

研究身处的复杂社会，我们不能假定一个人（或几十个人）就能代表所有人。在研究残障群体在美国社会中的地位时，我们有必要认识到一系列的偶发事件。富人应对残障的逻辑与穷人相比有明显的区别，而且会随着性别、年龄、种族、民族和宗教信仰的不同而发生进一步的变化。此外，残疾类型、损伤程度和发病年龄也是重要因素。很明显，如果谁想要了解一个大范围的残障群体，他将不得不处理几十个单独的类别。想从每个类别中得到有统计意义的结果，则需要许多个人的数据。个人的数量乘以类别的数量，很明显，这至少需要几百人的样本——对于密切观察和深入访谈来说，受访者数量太多了。我又拒绝使用问卷调查和调查研究的抽象数据，相反，我们试图从性别和环境两方面建构一个群体的宽泛的代表形象。

我在个案中严格地遵循参与性观察法，因为我是研究团队最有经验的成员。比如，我曾在康复中心待过五周，对这些设施的了解比我预想的多得多。两个研究生发现，残障群体分散在城市各处，

---

① 我的说法经过深思熟虑，因为一些人类学家（以及一群比较文学学者）中存在一股强大的潮流，他们试图只将文化符号与其他符号联系起来，而不是与需要或行为联系起来。在许多经典的法国作家的影响下，他们把思想、文化和历史作为象征性的"文本"进行分析。在解构主义或后结构主义视角中，人类文化的唯一目的是被视为意义的建构。但他们忽略了一个事实：人类的思维与实践是分离的。此外，毫无疑问当我们从事日常的工作和实践时，文化符号会影响我们的行为。

这个问题出现在所有的城市研究中。这导致研究者很难与他们保持经常性的联系，也不可能以传统人类学的方式与他们生活在一起。其中一个学生杰西卡·希尔发现，50多名轮椅使用者（截瘫者和罹患脊髓灰质炎的幸存者）住在纽约市东河罗斯福岛上一个属于中产阶级的公共住房区域内。这是她能找到的距离最近的一个残障人士社区，她开始着手研究这群人。然而，因为租不到那里的公寓，她只能退而求其次，每天从住地往返那里。另一个学生理查德·麦克则一直在寻找黑人瘫痪者，哥伦比亚长老会医学中心脊髓门诊主任斯坦利·迈尔斯（Stanley Myers）博士允许他在诊所与潜在的线人进行接触。然后他通过那些人的社交网络找到其他受访者，再进一步接触到其他残障人士群体。

  在此之前，我们曾试图与另一家医院建立联系，但在这个过程中关于医学研究的一些现象令人大开眼界。一番讨价还价后，我被告知一条底线，那就是所有源于医院研究的出版物都必须有一名医务人员作为合著者。我被这个提议吓了一跳，怀疑地问，即使这个要署名的工作人员没有参与研究，也没有参与写作？我确信这是所有医院研究的惯例，突然间就明白了医学界人士所炫耀的令人印象深刻的出版物清单，以及每篇论文似乎都有五六位作者的事实。这种做法存在风险，因为当下属的工作被发现是错误的，甚至在少数情况下为伪造的时候，一些非常知名的人的声誉就会受损。当然，我拒绝接受这样的条件。

  在美国下肢瘫痪和四肢瘫痪人群中做田野研究，给我带来了多种挑战。我第一次研究复杂社会，也是第一次尝试研究自己所属的文化。更复杂的是，我正在调查一个自己所属的群体，一个我既不想要也不完全接受的群体。曾经有一段时间，人类学主张的"客观性"建立在对"他者"（通常是外来文化）的关注之上。有人认为，由于我们不会认同研究对象的价值观但又不带偏见，所以我们能用一种清晰、超然的眼光来看待他们。这在逻辑上站不住脚，因为事实是在民族志研究过程中的认知深受我们的个性、我们对现实的语言分类、我们的教育以及自身文化的影响。随着研究的深入，自身的文化解读将会左右我们的观点，进一步扭曲我们的看法。我们的科学实践需要将所有的数据精简成一个相对完整的系统，这好比去适应一个完全陌生的世界的尝试，我们会感官混乱。这也受到相似的误差和不确定性的影响。

考虑到所有关于人类的研究都带有主观因素，我并不太担心自己研究的客观性。最大的风险是相信自己知道的比实际知道的多，我必须时刻警惕这种情况。同时，我对瘫痪的理解也是其他研究人员所不能及的。身体的残疾使我很容易地了解到瘫痪者的秘密，这对我的访谈很有帮助，我至少知道该问些什么问题。而我的价值观和同情心完全站在残障群体这边，对此我一直很坦率。

一开始我无法认同自己的残障人士身份，但在研究过程中，我对残疾群体有了更深刻的理解。尤兰达和我参加了几个残障人士组织，我们还在新泽西州郊区访谈下肢及四肢瘫痪的人。那两年我非常忙碌，时间被不间断的访谈和会议填满，其中包括与两位研究生的项目讨论会，以及哥伦比亚大学的日常工作。项目补助帮我摆脱了一半的课程教学，但我门下仍然带了好几位研究生，他们已经完成了研究项目，在我的指导下撰写博士论文。他们曾在非洲游牧民族、以色列老年人、非洲农学家、拉丁美洲农民、亚马孙印第安人、苏马特人以及其他少数群体中做研究，每个学生都有大量的问题需要咨询我。当他们完成论文后，我必须阅读并评改他们写的每一行字。1983年，残疾群体研究项目结束的时候，我已经筋疲力尽。我仍在研究这个群体，但进度放缓很多，因为我经历的一些事情戳穿了我的神话：我以为自己几乎没什么改变，还能保持着过去的生活节奏与生活方式。

我的中枢神经系统缓慢地退化，让人措手不及，完全没有准备好应对一次又一次的功能衰竭。我决心不再理会虚弱的身体，而且也没怎么学会如何应对残疾，只有发生一些不常见的特殊症状时，我才去看医生。其中一个症状是我的躯干和腿部痉挛，这更加限制我的行动力。有时候情况很不好，突然的痉挛会让我从轮椅上滑下来，所以在过去的七年里，我不得不系上安全带。同时，我也不断地增加放松肌肉的药物剂量。

1978年，我失去了站立能力，但没有再去看医生。这种情况下，我无法完成从轮椅到床上的相互间的转移。幸好我还在接受物理治疗，治疗师给我买了一个滑板。这是一个简易的、光滑的木板，两端倾斜，可以作为从椅子到床或到马桶的桥梁。我把一端放在臀部下面，就能顺着它滑下去。这个看似简单的小物品，以前从来没有听说过，当然也没必要。毕竟在那之前，我可以站起来转身。

站立能力的丧失严重地影响到我的身体健康与社交状况。首先，对滑板的依赖使我更需要依靠别人，因为我无法独立使用它。总得有人把木板塞在我身下并把我拉上来。结果，我失去了相当大的灵活性。我不再坐椅子或者沙发，而是整天坐在轮椅上。但这又产生了更严重的影响，我的臀部开始长疮，这是整天坐在轮椅上的人的烦恼。

旁观者可能会觉得，瘫痪的四肢是患者的主要痛苦，其实这仅仅是冰山的一角。肛门和膀胱括约肌开始不起作用，高度损伤的脊髓会影响人的呼吸能力。而控制血管运行的自主神经系统也受到影响。这意味着皮肤表面附近的毛细血管不再对温度变化做出反应，也就是说，维持体温恒定的主要机制之一失衡了；此外，毛孔不能像原来那样开闭或排汗。所有这些都降低了身体应对温度变化的能力。当我病情加重变得四肢瘫痪后，我越来越多地受到炎热的折磨。温度升到29摄氏度时就必须打开空调。冬天会更糟糕，因为害怕体温过低，我甚至不能待在外面超过几分钟。

循环系统疾病也是四肢瘫痪者健康的主要威胁因素，它会造成皮肤皲裂。人之所以生褥疮是因为在一个位置坐得太久或躺得太久，恒定的压力聚焦在一个点上——通常是在骨头突起的正上方——这会阻止该区域的毛细血管血液循环（在四肢瘫痪者中本身已经很糟糕了），然后导致细胞死亡。其结果是形成小的溃疡，一开始不超过针尖的大小，但如果继续下去，它会发展成一个丑陋的、裂开的溃疡。卧床不起的人经常会在脚跟、脚踝、肘部和肩胛骨上生疮。最有效的预防方法是每两小时左右让患者翻转一次身体。要是实在不行的话，水床垫可以帮助阻止溃疡的发生。

轮椅会让人的坐骨正下方的臀部后侧的骨头隆起，以及脊柱尾骨或基部的下方下陷。下身瘫痪者可以通过用手臂推轮子来预防，每隔20分钟左右就可以把臀部从椅子上提起来。这使得血液循环进入受压区域，从而使细胞复活。但该行为仅适用于下肢截瘫或者上肢仍然残留一些力量的人。另一种对抗皮肤破损的方法是买一个好的轮椅坐垫。然而，之前我并不知道上述解决方案，因为我下定决心不让自己成为疾病的牺牲品。但正是这种态度最终使我陷入那种境地。

1980年，我的左臀第一次出现轻微疼痛时，尤兰达就注意到了一个小溃疡。当时还没有开始对残障群体的研究，但是我们对褥疮有一些了解，她认为我应该去医生那里检查一下，我却立刻拒绝了这个建议。尤兰达经常劝我去看医生，她自己却很少去看，所以我对她的警告不屑一顾，认为这更像是危言耸听。毕竟，那只是一个小小的红斑。我们都不知道这个事情有多危险。此外，我太忙了，不能把时间浪费在医生的候诊室里。我得继续工作，每天早上8点到晚上11点坐在轮椅上，从百货公司买的一个普通垫子是我对疾病的唯一抗争。溃疡在这样的"治疗"方式下茁壮成长，在宽度和深度上继续扩张。于是，尤兰达越来越坚持要我寻求医生的帮助，我的治疗师也赞同她的意见。

1980年到1981年冬季，我的健康状况开始明显恶化。我得了结肠炎，部分原因是工作过度和一连串的膀胱感染。这些症状再加上受感染的溃疡，导致我经常发低烧，也很容易地在2月份患上了一场相当严重的流感。但我仍然在继续工作，几乎是被一种对强烈自信和连续性的狂热需求所驱使着。与其说我是在否认这种疾病，不如说我是在蔑视它。尤兰达终于忍不住了，把这个问题告诉了我的医生。他看了一眼就惊呼道："天哪！"

在这种紧急情况下，我立即被送往医院做整形手术。溃疡已经深达坐骨，如果长时间不治疗，感染就会进入骨髓，我没有在意的小伤口已经威胁到生命。更糟糕的是，我的右臀又长了一个小疮。

然而，我不得不等了几天才做手术，因为伤口让身体失去了太多的蛋白质和血液。我需要输入三品脱的血液才能让红细胞数量恢复正常。处理两个溃疡先后进行了三次手术。第一次手术，外科医生清理溃疡，切除受感染的组织，我的臀部被切开一个很大的洞。外科医生还切除了部分坐骨，使骨头离表皮更远，从而降低将来骨折的风险。第二次手术，外科医生从溃疡附近的皮肤上取了一块皮瓣，几天后移植到裂开的伤口上。第三次小手术，清理右臀上的溃疡并缝合。

手术期间，我的胸肌已经十分衰弱，麻醉后肺炎就可能会成为真正的威胁。我的呼吸越来越浅，连咳嗽都困难，因此无法排出肺部或喉咙中的黏液。我甚至不能很好地擤鼻涕，因此感冒对我来说比大多数人都要难受得多，情况从那时起就恶化了。治疗肺炎需要穿过胸腔来清理肺部，甚至可能需要一个呼吸器，手术非常危险。我和外科医生讨论了这个问题，最后决定在完全清醒的情况下进行手术，希望我的肿瘤能提供一个有效的脊髓阻滞麻醉。当然，每次手术都有麻醉师在旁边监测我的生命体征，以防我休克。如果我感到疼痛，他也可以给予麻醉。此外，他还需要使用肌肉松弛剂来对抗手术必然会引起的痉挛。

第一次手术以游离的形式映射到我的记忆中，它完全不同于普通的、传统的手术过程。当时的我处于神游状态，与之前的经历毫无联系，对它的印象似梦境一般。这更多是当时的真实情景而非麻醉剂的缘故。我躺在手术台上，与麻醉师愉快地交谈着，而外科医生正在切除骨头深处的感染区域。按理说，这个手术应该给我带来难以忍受的痛苦，但我一点也不觉得疼。手术前我也不紧张，麻醉师通过输液管给我注射了镇静剂,让我在整个过程中都很放松和平静。我无事可做,和麻醉师聊天,反正他也不是很忙。和许多医生一样,麻醉师也是个人类学爱好者,但不同的是,他并没有利用医学知识来充当专家。他很有见地,因为他曾问我露丝·本尼迪克特(Roth Benedict)在大约40年前获得哥伦比亚大学终身教职时遇到的困难。我清楚地记得这个问题,因为当我试图回答这个问题时,外科医生正在用槌棒和凿子敲打我的坐骨。这真是一次奇特的经历。

三次手术过后,我筋疲力尽,但没有像那些全麻患者那么虚弱。只有一次,他们把我送进康复室,那里的环境很令人沮丧。在完全清醒的时候,你甚至可以听到每个人咳嗽、吐口水和呻吟的声音。这让我想起曾经参加过的派对,我是在场唯一的一个清醒的人。在三次手术结束回家后,我喝了点咖啡,吃了些点心,晚餐也非常清淡。我术后恢复很快,完全是因为没有做完全麻醉,因此也没有反胃或两周宿醉的感觉。尽管手术后恢复得很快,移植也成功了,但我还是不得不在床上待了六个星期,直到伤口愈合。

那段时间,我一直躺在医院的病床上,但几乎没有休息。我的下一个手术是在泌尿外科进行前列腺切除,以促进排尿。当膀胱不能排出所有的尿液时,不新鲜的尿液就容易滋生感染。我同样是在没有完全麻醉的情况下做了这个手术。手术一结束,我就被转移到神经研究所的康复中心并开始物理治疗,当时我还躺在床上。这一层有四间病房,每间都有四张床,男女合住,或者更确切地说,性别在这里不再重要。当时房间非常拥挤,只能有一个客人坐在床边,其余的人只好站着,没有人会喜欢这种地方。本来平常的医院经历因为肮脏混乱的环境而更加不堪,而我在床上的窘困又进一步加剧

第七章 黯然无语

了这种灾难。唯一令人稍感快慰的是一位年轻人，他在一次车祸中由于脑部受损而导致瘫痪，无法说话。但年轻人的活力抑制不住，他常常在白板上提出一些不雅的建议给护士。"多么恶心的要求啊。"她们会一边假装震惊的样子，一边匆匆赶回护士站去招呼其他的人，而他却只是龇着牙在那里笑。

住院的最后两周，我每天都要坐几个小时的轮椅。在床上躺了七个星期后，我不得不慢慢地坐起来，因为如果突然站起来，血会直涌上头，我就会晕倒。他们把我放在一张倾斜的台子上，在扶起我的同时监测我的血压，让我慢慢起来。一起床，我就被带到健身房，进行每天两次的物理治疗，试图恢复长期卧床失去的力量。然而，这次恢复所花的时间远远超过另外两次。在后面的三个月里，我一直在从褥疮、整形手术、前列腺切除术和卧床休息中恢复。但当我重新回到轮椅上开始步入生活正轨时，那简直是一种解脱，一种解放。所有的事情都是相对的，对于那些想知道我怎么能忍受被限制在轮椅上的朋友，我说："要看和什么相比呢。"与躺在床上相比，这是一种纯粹的幸福。

在住院的九个星期里，身体的一些能力因为缺乏使用而永久性地衰弱或丧失了。我的胳膊力量减弱，活动范围也缩小，手也变得更加虚弱。我几乎不能把自己从座位上撑起来，以减轻臀部的压力，而现在我正高高地坐在一个罗浩[①]坐垫上，让锻炼这种行为更加困难。罗浩坐垫由64个相互连接的空气囊组成，它们能在各个位置都

[①] 美国ROHO集团生产的一种充气型防褥疮坐垫（价格大约为人民币2 000多元）。——译者注

均匀地支撑着臀部,而不是让所有的体重都压在坐骨下方。这是人们能找到的最好的坐垫——每个应该超过250美元——但它们并非十全十美,因为三年后我又不得不买了一个。

1984年1月,我得了严重的流感。由于神经系统的问题,病情很严重,身体也更加虚弱。春季学期就这样开始了,而我的健康每况愈下。因此,大约上了一个月课后,尤兰达注意到我右臀部有个小疮,这并不奇怪。1981年,我的右臀部曾出现一个小溃疡,当时只是缝合了一下。当然,我应该马上上床睡觉,一天24小时待在那里,直到伤口愈合。这可能要花上几周的时间,因为伤口要慢慢地闭合,伤口大的人有时需要在床上躺上几个月,而我却试着把它推迟到学期末。这样,尽管我大多数时间都在床上躺着,溃疡却变得越来越大,越来越深。当这个学期终于在5月中旬结束时,伤口已经大到无法等它慢慢愈合。5月下旬我只好又进了医院。

这个溃疡没有第一次的溃疡大,所以不需要植皮。外科医生只需要清理伤口,减少坐骨压力及缝合伤口。为了加速愈合的过程,缩短我的住院时间,外科医生订了一张倾斜的床。这种床没有床垫,在1984年是以每天65美元的价格出租的。作为床的替代,患者躺在一张由小陶瓷珠子组成的床上,这些珠子通过一个强大的鼓风机系统悬浮在空气中。身体的各个部分都得到了同等的支撑,减轻了对突起骨的压力,这样我在手术后几个小时就可以坐在床上了。然而,这张床有一个严重的缺点,它会产生大量的热量,而且6月份会有一股强烈的热浪袭来。我住在老化的哈克尼斯凉亭里,尽管有一台老旧的窗式空调,但我在只有一张床的小房间还是热得让人受不了。更糟的是,褥疮感染已经进入了我的血液,我不得不通过静脉注射

第七章 黯然无语

了两周的抗生素。感染又引发了低烧，再加上房间里很热，我病得很严重。我几乎吃不下东西，直到住院的最后一个星期我才开始有所好转。终于，入院四周后我回到家里，因为正值休假，所以我准备开始写这本书。

但事实常不如人愿。令我们非常沮丧的是，那年夏末，手术的疤痕又发生了溃疡。我尝试尽量少待在床上，但它发展得很快。10月底，我又回去再次做了手术，这次在医院待了两个月。

就这样，半年的休假中，我有一半的时间是躺在医院病床上度过的。我12月回到家，准备在次年1月回学校上课。但经过手术后，我不仅虚弱不堪，而且完全失去了活力。身体其他部分的肌肉和力量也被那非常舒适、像诱人的温床般的医用床给削弱了。

这个床缓解了我所有的肌肉痉挛，一到晚上，我就处于一种放松的状态，我已经很多年没有这么放松了。白天我坐在床上，但到了晚上靠背被拿走后，我的身体会沉下去，像漂浮在一张空气床上。我退回到我的壳里，外面的一切都静悄悄的，我被鼓风泵持续不断的嗡嗡声和空气中柔和的声音所包围。这张床让我安下心去沉思，正是在这张床上，我得到了应该怎么写这本书的灵感。这是一种理想的氛围，可以让我回忆过去的事情，把我现在的处境看作是对古老而永恒的经历的重温。就在这时，我突然想到，这张床多么像海上的一艘船，它轻柔的翻滚和颠簸使我感到平静、舒适，鼓风机发出的空气声和马达不断的振动使我的感觉变得迟钝。就像待在一个有生命的身体里，这张床构成了一个适合思考问题的环境。

回到我1981年的故事。第一次溃疡手术后，我变得十分小心，每天下午都要费好大劲儿，花大概半个小时才能躺好。医生的命令是每次坐着不能超过两个小时,但这样几乎让我无法工作,我就完全忽略了他们的建议。医学界人士倾向于主要关注生物学的健康方面,只有当他们的诊断技能失效时才会考虑精神状态,比如我的"抑郁症",后来证明是脊髓肿瘤。他们的建议经常以躯体"健康"之名,把患者推向社会和心理残疾,不管那是什么。因此,一些医学人士认为,如果一个瘫痪者没有皮肤破损,没有明显的抑郁症状,并且有完善良好的肠道和膀胱,那么他的情况就很好。幸运的是,神经疾病研究所的人不是这样想的。他们告诉我应该怎么做,我哼了一声,他们耸了耸肩。

我在医院失去且不再能完全恢复的还包括我晚上在床上的翻身能力。在我坐轮椅最初的几年里,我能很容易地做到这一点,因为我的手臂仍然很强壮,而且我上半身的损耗也不是很严重。1978年之后,我的腿开始更加萎缩时,我会用双臂弯曲膝盖,把它们推到一边,这样的姿势可以帮助我之后的翻身。然而,随着痉挛变得严重,我的腿越来越难以弯曲。我在膝盖上方的大腿上绑上带子,把它们拉到另一边,暂时解决了翻身的问题。最后,在住院的九个星期里,就连这一招也失效了,我再也不能在家里的旧床上翻身了。

在医院的夜里,每两个小时就会有人帮我翻身,这是我不能也不希望尤兰达做的,因为她已经被逼到极限了。我找到了两种解决困境的方法。我们租了一张电动病床,在病床上面放了一张薄薄的水床垫。后来的几个月里,我通过抓着窗帘,把身体从左边拉到右边,然后再拉回来的方法,我可以在晚上稍微转动一下身体。但只有当我的腿和骨盆也转动时,这才有效,而我的腿很快就痉挛了,转动就不可能了。我意识到从那时起,我将不得不整晚维持着一个

第七章 黯然无语

姿势，但这是一件非常可怕的事情。

几个月后，我就知道今夜的事情终将发生，就像我早就知道有一天我会再也站不起来一样。每个人都会在晚上翻来覆去，不管是半醒还是熟睡，因为身体长时间保持一个姿势会发出不适的信号。我常常在想，当我再也无法动弹时，我如何才能忍受这种萎靡不振和肌肉紧张的感觉。如果在医院里时夜班护士错过了一次按铃呼叫，我就会一动不动躺三四个小时之后在极度不适中醒来，然后按铃叫她们。我在家怎么办呢？令人惊讶的是，这个问题并不像我担心的那么严重。首先，我打破了在医院里每隔几个小时就醒来的模式。其次，当麻痹症蔓延到我的躯干时，不适的信息变得沉默，然后静止下来。再次，到目前为止，水床垫有效地防止了皮肤破损。我现在可以用一个完全相同的姿势连续睡七八个小时。最近，甚至连我的手臂也安静了，没有不舒适的感觉了。

随着肿瘤对颈部下端脊髓压力的增加，我的手掌和手指变得越来越僵硬和虚弱，触觉也越来越不敏感。这是一个如此缓慢的过程，无法逐级描述。左手首先变弱，这与我整个左半边身体衰弱得更快相一致，但这也养成了我较少使用左手、善于使用右手的习惯。现在，无论是对于物体还是温度，我左手的触觉都非常有限。1981年的时候，我还可以用左手捡起轻的东西，还可以使用拇指和食指，这是人类进化的伟大礼物。现在，这一切都失去了，我僵硬的左手手指向掌心内侧弯曲着，几乎无法动弹。

而我的右手病变也像左手那样进展一两年了，现在它太弱了，几乎抓不住东西。而且它也有一种趋势，即手指首先会变弯曲，然后成爪状靠近手掌，但因为右手使用得更多，可以比较容易防止这种情况发生。可尽管如此，我却再也拿不动一本书了，这本来是我仅存的几种锻炼方式之一。退而求其次，我只能把书拉到桌子边上，然后用两只手掌抓住它。尽管我仍然可以打开它，但翻页可能是一件缓慢而艰难的事情。当我连这也做不到的时候，我会用牙齿夹着的手写笔或自动翻页器来翻页。我并不担心当下巴肌肉力量消失时我该怎么办，因为人们不会在脊髓损伤后活得很长。虽然我的手掌和手指都衰弱了，但我还能写字，或多或少还能打字。1976年以后，我的手写速度变慢，字迹也变得潦草了，但还能看得清。我从1954年手写了我论文的第一稿之后，其他所有的书和论文都是用打字机写的，只有签名、简短的笔记、批改学生论文时才会手写。然而，随着时间的推移，我写得越来越慢，字迹也变得越模糊和难以辨认。我最早用软尖的铅笔，然后是圆珠笔，最后是毡尖笔。现在用毡尖笔写字，我会在笔杆上缠绕乳胶泡沫，使它变粗，以便于握持。后来我很少写字了，偶尔还可以做填字游戏。我曾经有强烈的强迫症，也是我一生中唯一的嗜好，喜欢在报纸的边缘上写一点评论。可现在连开支票都需要尤兰达来负责，她有我的委托书，这是我们金钱文化中信任的终极象征。除此之外，所有的事情我都通过打字来完成。

使用打字机的能力改变了我的职业。在我坐轮椅的头五年里，电动打字机对我很有用。如果我是一个十指击键的打字员，手指的残疾将是灾难性的，但我一直是一个用两根手指的人，所以打字不太受影响。可是到了1981年，我左手的手指变得太虚弱了，弯曲得无法打字。我就用木杆铅笔做了一支包着乳胶泡沫的笔。我左手拿着这支笔，用它的橡皮头敲键盘。大约一年后，我右手的中指也变

第七章　黯然无语

弱了，我就为右手也做了一支手写笔。然后我不停地敲击键盘，直到我的左手无力握住手写笔，就不得不再采用一种新技术。有一种简单的小装置叫作"万能袖带"，是一种缠绕在手掌上的塑料带，用尼龙搭扣扣紧。塑料带在掌心位置是开孔的，叉子或勺子的把手可以插进去，这样人们就不用抓着餐具吃饭了。我把一支铅笔插进它的开孔，然后用橡皮头继续打字。

可是，我连用打字机的日子也显然不多了，因为我的左手很快变得僵硬，在调整纸的时候遇到了很大的困难。因为左手拿不住纸，而右手会把纸卷进手心。我写信的字行都会向上倾斜，线条还穿过信纸。此外，我的笔迹变得难以辨认，甚至连自己也看不清。每一个写过东西的人都知道，这意味着我很难在所有的写作中进行边距和行间的修正，而这是很必要的部分。很明显，我再也不能排斥新技术了，是时候买个文字处理机了。

在这本书的前面部分，我满怀热情地阐述了残障人士使用电脑的潜力，而我却一直等到1984年才买了第一台电脑，这似乎有些奇怪。答案很简单：只有在使用了这台机器之后，我才成了一名皈依者。在此之前，我认为高科技不过是一个邪恶经济体的又一种诱惑，它一心要诱捕受害者，然后让他们陷入贫困。我认为电脑最终会让我们成为机器的延伸，而不是机器的主人。作为一名雷达、声呐和无线电的技术员，我的工作经历以及1943年接受的先进的电子技术培训，让我在战后产生了一种"隐居者"的心态。电脑总是会让我想起海军。

在我买了这台电脑之后，刚开始时缺乏经验以及连接上的小故障使我开始确信之前的担心是正确的，可是一旦掌握了这门技术后，我就开始依赖它了。人们滔滔不绝地讲述着他们与这些机器之间的密切情感，让我感到无聊至极，所以我只提一下机器的文字处理程序对于像我这样的四肢瘫痪者的价值。我可以通过敲击键盘来完成所有的打字、修改和编辑，而不用碰纸。我不再需要处理过去那些粗糙的、胡乱涂写的手稿，而是按下打印键，出来的就是一份完美无缺的文章。众所周知，这台机器唯一的缺点是它会导致冗长散漫的写作，会有思虑不周之词和松散不流畅的语法，修改和编辑的便捷性鼓励了凌乱的结构。有时我告诉人们我不再写单词，而是在"处理"单词。然而，这些都是可以避免的缺点，也是为巨大回报付出的极小代价。电脑带来了一种解放，延伸了我有限的职业生涯。

实际上，此时我的左手已经无用了，而右手也在慢慢朝这个方向发展，手臂也正在变得很虚弱。如果经过几分钟的下坡路程，我的手臂便推不动轮椅了。最先是速度和控制力受到了影响。有一天，我发现自己无法把椅子推过厨房门框上的一个3.8英寸高的小坎。从那时起，我就不得不被推到餐厅吃饭。几个月后，我连卧室门框上0.25英寸厚的边缘都过不去了。右边的轮子很容易翻过去，但是左边的轮子会向上走到一半，然后又掉回去。这让我无法从工作的餐厅回到卧室。本来可以做一个斜坡，但很明显，很快它们就会变得毫无用处，即使是微小的坡度也会打败我。所以我现在白天被限制在客厅和餐厅里，靠别人把我搬到其他房间。

几个月内，我遇到了新的障碍。和所有的老房子一样，我家的地板有些地方会下陷，形成小小的隆起和洼陷，小到常人无法察觉。但是当你用虚弱的手臂推着轮椅经过它们时，你会感觉到每一个都像山谷一样坑坑洼洼，我甚至可以画一张家里的地形图。每个月，

第七章 黯然无语

山丘越来越高，山谷越来越深，直到有一天，我被困在其中的一座"山"上，左臂无力，无法把我自己拉出来，只能绕着圈子走。我已经到了失去行动能力的地步，于是我订购了一辆电动轮椅。

我推迟了买电动轮椅的计划，是因为使用机械轮椅是一种很好的锻炼，我知道一旦我停下来，手臂的力量就会加速丧失。事实上，我等得太久了，因为我完全失去了行动能力。就算需要挪动哪怕3英尺，也得去找尤兰达帮忙，这给我们已经不堪重负的关系增加了额外的负担。所以我经常选择固定的位置，以免成为别人的累赘。结果是，我通常会在同一个地方待很久。尤兰达有时要工作几个小时，就把我留在电脑前，无论我是否愿意。这就像被锁在办公桌上，是一个完成工作的好方法，但我的身体环境变得更加狭小，我的视野也缩小了。

随着肿瘤在上胸椎区和下颈椎区的压力增大，进一步削弱了胸部的肌肉力量，我的呼吸变得越来越浅。目前，我的肺活量略低于50%，这个数字可能会令人震惊，但事实是人们的肺活量远远超过他们通常使用的肺活量。尽管如此，当呼吸变成一种工作，我渴望能吸入满肺的空气，感受长时间深吸一口气带来的那种奇妙的复苏感。我的神经系统就要衰退了，直到我再也做不到深呼吸，我才意识到那曾经是一种多么快乐的事情。市面上有各种各样的便携式呼吸器，有时候我很想在情况变差的时候使用，但这种依赖只会带来更多糟糕的情况——直到我最终完全停止呼吸。我还没有到这一步，但浅呼吸可能是我慢性疲劳的一个主要原因。

每个学年开始的时候，我都担心讲课的时候会体力不支。最近一次是1985年9月9日，我又面临着这种危机。过去的三个月，我的声音变得微弱沙哑，不够洪亮，呼吸情况也在恶化。这在一定程度上与我暑期停止治疗有关，但根本原因还在于1984年的两次手术期间健康状况的下降，而且1985年初的膀胱感染导致了持续的恶化。那年夏天，经过外科手术，我的膀胱炎症得到治疗并恢复了两个月，但我仍然严重怀疑自己能否完成本科人类学导论课的教学。

1985年秋季学期，我的课程安排上有每周一上午两个小时的研究生课程"亲属和婚姻"，以及每周一和每周三下午一小时十五分钟的本科大班课程。上午去上课的时候我有点忐忑，尽管只有20名学生，但却要持续两个小时。一开始，我鼓励他们参与讨论，但这在第一天很难做到，最后是我一直在讲。下课后有一个小时的午休时间，很多人过来看我。一点钟的时候，我已经觉得很累了。新学期又增加了课程的设置，我曾希望本科的班级小一些，但有100多名学生注册，只比我上次在1983年教这门课时少20人。我完全没想到，这门课的效果比以往任何时候都要好。我的声音很好，情绪高涨，最后不得不强迫自己在下午2点25分停下来。第二周，扩音器坏了，一个能用的都没有，但对周围环境的掌控感又回来了。我坐在椅子上，掌控着同学们的注意力，仿佛不再是残疾人了。

从1984年住院到1985年冬天，我才开始写这本书，但1984年秋季的休假并没有完全被我浪费掉。在住院期间的四个月里，尤兰达和我为《丛林中的女人们》①第二版撰写了新的一章。我还为1979年出版的《文化人类学》教材修订了第二版，现在重新命名为《文

---

① Murphy and Murphy, *Women of the Forest*, 1986.

化与社会人类学：序曲》①，新版本正在印刷中。至于这本书，是在1985年的冬去春来之际开始写的，并在那年夏天完成了初稿的主要工作。那是一段狂热的时期，因为工作的前提是我的时间不多了。在过去的九年里，死亡的感觉一直在激励着我前进，到现在，这种感觉与其说是一种末日的声音，不如说是一种挥之不去的存在感。矛盾的是，身体缺陷帮助我完成了工作，因为我没有能力做其他任何事情。我过去常常把时间浪费在让我分心的事情上，为了逃避写一本书，我把加州的整个房子都粉刷了一遍。而现在我所能做的就是阅读、写作和交谈——这就是学者们所谓的"工作"。

1983年，在了解了激光、超声波和更先进的显微手术在神经外科领域的最新进展后，我咨询了一位这些新领域的外科专家，他向我保证他能切除肿瘤，至少能让我的情况不至于变得更糟。我知道不该抱有奢望，但还是禁不住对这个想法开始感兴趣。然后我问他，我的肺如何应对长时间的全身麻醉。"没问题。"他说。他们会给我做气管切开术（把一根空气导管从颈部插入气管），然后和呼吸机连接起来。我希望他们能在几周后让我自己呼吸。就在那时，我看到手术的结果还有第三种可能。我虽然不介意在痊愈和死亡之间做出选择，但我想象着它有可能会让我处于神经系统衰弱的状态，就像上次手术一样。然后，我意识到自己没有应对误差风险的能力，我不能冒险失去仅有的能力，以及那些让生活变得有价值的东西——尤兰达、家庭、工作，还有成为人类场景观察者的持续乐趣。此外，

---

① Robert F. Murphy, *Cultural and Social Anthropology: An Overture* (Englewood Cliffs, N.J.: Prentice-Hall, 1986).

对于一个男性"墨菲"来说，60岁已经很老了，我想我再也活不下去了。于是我最终拒绝了这个建议。

我的身体在蜷缩，世界也不断地收缩。我的空间在不断地缩减，活动能力也下降到了植物人的状态。但空间位置现在对我来说似乎不那么重要了，因为，无论在哪里，我总是被充满惰性的肉体所束缚，被困在一个有缺陷的身体里，它总是坐在同一把椅子上，处于同一种位置。就像所有四肢瘫痪的人一样，我非常害怕孤立无援，但是我的自我意识却被限制在了大脑里。

安静而缓慢地陷入完全瘫痪，有些像回到子宫或者慢慢死去的感觉，两者是一回事。随着身体对运动的所有刺激都减弱和遗忘，人体逐渐失去了进行运动的意志。身体越来越处于静止的状态，这无疑影响了一个人对世界的认知。我已经成为物质环境中的一个受体，我必须不断地与这种日益增长的消极做斗争，以克服我的情绪。但每天晚上回到我小小的茧巢里，裹在温暖的电热毯里，安置在一个由必需品组成的小世界中，身体沉默，心里感到安全和舒适。这是与社会关系和义务沟通的中断，退回到了一个私人的理智世界。也正是在这些时候，我的思绪才走得最远。在如此深沉的寂静中，人们确实找到了一种反常的心灵自由。

第八章

深爱与依附

在美国文化中，最普遍意义上的持久而广泛的善良和深爱，就是为他人做有益或正确的事，而不考虑其对执行者的影响。

——大卫·M.施奈德
《美国式亲密关系：一种文化解释》①

残疾既是身体的一种状态，又是社会身份的一个标志，是一个由身体原因所引起，但由社会加以定义并赋予意义的过程，这显然是一种社会状态。因此，随着我上半身的功能在不断生长的脊髓肿瘤的压力下逐渐萎缩时，我的社交轨迹也改变了。我的视野缩小了，我的生活方式改变了，甚至我对过往经历的感受也在发生着深刻的转变。我发现从四肢的瘫痪开始，我进入了一个新的社会层面之中。

在我坐轮椅的差不多头两年里，我还具备一定的自理能力。我需要别人帮我穿裤子、袜子和鞋子，也需要尤兰达帮我移动身体，但我可以不用别人帮忙就能解决大部分的日常生活问题。在哥伦比亚大学，一名助教每天早上都会来接我，帮我从车上挪动到轮椅上，

---

① David M. Schneider, *American Kinship: A Culture Account*.

然后带我上楼。我仍然可以自己控制轮椅在大楼里四处走动,也可以在没人帮助的情况下在卫生间里行动。但1981年以后,随着四肢瘫痪程度的加深,这种相对的自理能力最终彻底地、不可逆转地终止了。

无法站立使得我很难从轮椅转移到汽车上。起初我用的是一块滑板,但这个动作需要我的助手们——也就是尤兰达、我的助教或者和我一起拼车的朋友兼同事默顿·弗里德付出相当大的努力。默顿是我的同龄人,也是一位不幸中人。在出行时我们有着一种奇特的共生关系。他的视力反复出现问题,在视力变差的日子里,我会提醒他注意各种障碍,比如遇到红灯和卡车时停车。我们两人的妻子对这种合作感到战战兢兢,我俩则认为这真是绝妙的黑色幽默,是对"瘸子领瞎子"这一主题的巧妙演绎。默顿在1980年病倒了,尤兰达只好自己开车送我,但是用滑板上下车是一件很费劲的事。那年年末,我们买了一辆装有电动轮椅升降装置的面包车,终于解决了这个问题。现在,我被抬进面包车,椅子被固定好,然后到达目的地被卸下车。在学校,我的一举一动都需要别人的帮助。

这种身体上完全的无助,一般人是很难理解的,更不用说感同身受了。举个例子,在我坐轮椅的第三个月里,有一天我身体前倾得太厉害,轮椅的倾斜导致我从上面滑下来跌落在了房间的地板上。摔倒是坐轮椅的人士常常遇到的可怕的事情,因为这使我们无法移动,只能依赖于别人的帮助。幸运的是,我当时正好摔落在电话前,所以直接叫了警察来帮助我。有时,我儿子鲍勃或邻居的年轻人也会抱我起来,让我重新坐回到轮椅上。然而,帮助并不总是近在咫尺,我曾被困在门口或是家具下面,不得不等上一两个小时,直到有人回家。不过现在我有了电动轮椅，这也不是什么问题了。但是，除了这些具体的障碍之外，身体瘫痪的人对自己可能丧失帮助或是无法与他人交流的事情怀着一种恐惧，特别是在独自生活的时候这种感受更加强烈。瘫痪者的上半身没有足够的力量支撑他们拖着自己的身躯在地板上移动，他们可能会躺上几个小时，甚至几天来等待别人的救援。在我用来对抗这些恐惧的安全策略中，一部随时在身边的电话和对讲机是抵御孤独和无法移动时所带来的恐惧的有效保障。

随着瘫痪程度的不断加剧，我感觉麻木，行动不便，开始完全依赖尤兰达。通常的一天是从她早晨8点叫醒我开始，接着她会把我的床头柜连同它的一系列配套设施——电话、对讲机、电视遥控器、床控、电灯开关控制器和水搬开。为了擦洗我的背部，她需要帮我先向右边、再向左边翻身，而这并不是一件容易的事情，因为我的身体已经完全是个累赘，没有一丝生气。帮我擦洗完身体后，她会帮我前后翻身来穿上裤子，接着她必须再次帮我翻身并将一根背带放在我的身体下面。这根背带会连接到一个特制的滚轮式手动升降机上，以便把我抬起来转移到其他地方去。尤兰达会扶着我，把升降机推到轮椅上方，转动滚轮把我放下去，让我坐进轮椅中。这一切都完成后，我会进入浴室进行下一阶段的晨间沐浴。

我用一个配有特制粗柄的牙刷来自己刷牙，但尤兰达必须先帮我挤好牙膏，因为我的握力已经不足以支持我挤出牙膏了。其次，我也不能依靠自身力量使身体前倾探过水槽，所以必须在她帮我把头探过水槽之后，我才能漱口。接下来尤兰达要把我的剃须用具准备好，并给我的刷子涂上肥皂，剩下的事我就用带手柄的剃须刀来完成。在即将到来的某一天里，我将不能自己刮胡子，到那时我可能会开始留胡子了。刮完胡子后尤兰达会帮我清洗上半身并帮我洗头，而这是一件乏味的差事。每天早晨的例行之事总共要花费大约一个钟头，所以当我要去学校上课的时候通常会省略一些洗澡的步骤。

在那些待在家里的日子，我使用电动轮椅在屋子里四处活动，比如在电脑和书桌之间来回移动，或是去到一楼的任何地方。然而去学校的时候，我用的是手推轮椅，尤兰达需要把我从浴室推到厨房，在那里她为我准备了早餐。我们通常在上午9点半左右出发，驾车穿过乔治·华盛顿大桥，行程不远，大约15到20分钟就能到哥伦比亚大学。在学校里，我的助教会接过照顾我的工作，而尤兰达离开后自己去上班，有时候她也会回到家里去。尤兰达是纽约州立大学分校帝国州立学院的一名兼职教师，她每周有几天需要去他们位于罗克兰（Rockland）或威彻斯特县（Westchester County）的一处工作场所。把我送到学校后，她常常还要开45分钟的车。

通常尤兰达会在下午4点左右回到哥伦比亚大学来接我回家。到家之后，我要躺在床上一两个小时，一方面是为了减轻我那经常动手术的臀部所承受的压力，另一方面是在忙碌了一整天之后好好休息一下。从那之后直到睡觉前，只有晚餐需要我花费一些精力。我仍然可以使用特制的曲柄餐叉和粗柄勺来自己吃饭，但这时我的胳膊和手的动作是非常僵硬和费劲的。毫无疑问，我在外面吃饭的时候会让一些人感到尴尬甚至反感，但那是他们的问题，而不是我的问题。晚饭后到睡觉前，我通常会看一会儿书或电视，直到尤兰达帮我穿上睡衣，把我从轮椅上移动到床上，摆好床头柜、安置好我的私人空间并安顿好我过夜。我很少在夜间打电话给她,让她可以在不用照顾我的情况下休息八个小时。除了我去医院的时候,这就是尤兰达的日常,没有假期或休假,对她来说这是无时无刻的责任,即使是我在医院的时候,她也觉得有义务每天来看望我。

除了这些重担之外,尤兰达还帮助我处理所有的家庭琐事。她帮我拿书、换电脑磁盘,不让我的办公桌从长期杂乱变成完全混乱,她帮我做着无数我自己再也搞不定的小事。我在家里不需要一直有人伺候,一次可以独自待上六个小时左右。由于这个原因,我们很少在白天雇人来照顾我,尤兰达去学校上班、去纽约或出门购物的时候都不需要为我担心,当然,也不能留我一个人太久。尽管有着短暂的喘息时间,但她却被我紧紧束缚着,她的行动被我的状况严重限制了,而她的脑海中也从未消失过我的需求。

这些只是我对尤兰达生理方面依赖的主要形式,实际上还有很多其他琐事。举个例子,比如即使我很痒,我也不能挠遍全身,很多地方我都挠不到。过去的十年我已经够不到自己的背部和肩膀了,而且随着我手臂旋转和伸展范围的缩小,我再也不能挠头皮了。这种需求我都得依赖尤兰达,当她不在身边时,我就得咬紧牙关等待瘙痒过去。我每天用来满足生存的大大小小需求,几乎都掌握在她的手中。确切地说,我们都被我的处境所束缚——我们是彼此的俘虏。

这种依赖不仅仅是简单的身体上对他人的依赖,它还会产生一种切实存在的、全方位的、不平衡的社会关系,某种程度上这比生理失能本身更具破坏性。与其说它是一种身体状态,不如说它是一种精神状态,这种状态扭曲了一个人所有其他的社会关系,并进一步侵蚀着依赖者的身份。这样的依赖侵犯并吞噬着成年人之间原本建立的非常紧密的关系，它与受损的自我意识联合起来，使得社会互动遭到破坏和毁灭。它甚至会攻击并考验一些我们希望是牢不可破的纽带关系，比如婚姻。

独立，自力更生，以及个人管理是美国文化的核心价值。我们有个永恒的神话，即这个国家是建立在非凡的个体努力基础上的，这些人具有建立伟大事业的勇气和远见，他们对个人利益或荣誉的狂热、不懈的追求给所有人带来了进步与繁荣。传说中，这些人都是在没有政府或任何人帮助的情况下取得了成功。他们是孤军奋战，或者用现在的比喻来说，他们形象高大，无所不能。

在我们的美国神话中，独立的个体带来了秩序、正义和财富。几代美国人已经对西方电影中所描绘的一个孤独的、没有过去的、沉默寡言的骑士来到一个由有权势者和腐败分子所统治的城市这类电影失去了兴趣。在一些电影中，会有一个由坏人组成的阴谋集团，而在另一些电影中，则有一个由一群雇佣兵支持的大反派。在这两种类型的电影中，孤独的英雄都要与一群人对抗，而这群人通常都是坏人。在《正午》[①]中，怯懦的老百姓抛弃了他们的首领，让他独自面临强大的敌人。《原野奇侠》[②]是这种类型电影中最棒的，给我们讲述了一个不知来自何方的神秘游侠肖恩的故事，他站在善良的农

---

① 《正午》（High Noon）是由 Fred Zinnemann 导演，由 John W. Cunningham 编剧，Gary Cooper 等领衔主演的一部影片。——译者注

② 《原野奇侠》（Shane）是派拉蒙影片公司出品的西部剧情片，由 George Stevens 执导，Alan Ladd、Jean Arthur、Van Heflin 等出演。1953年4月23日，影片在美国上映。该片讲述了牛仔肖恩帮助斯塔雷特一家及自耕农们击退当地恶徒的故事。——译者注

民这边对抗邪恶的牧场主。在没有任何帮助的情况下,他用他的六连发左轮手枪消除了对手的威胁,然后他压抑着自己对珍·亚瑟的深情和对儿子的爱,骑马向夕阳而去。《原野奇侠》之后,其他西部电影都变得多余了。然而,这一基本主题在1985年票房大热的电影《兰博》(Rambo)[1][2]中依然存在。和《原野奇侠》中的肖恩一样,兰博是个沉默寡言的男人,他说话时总是口齿不清,这一特点让他的沉默显得更加鲜明。兰博重返越南,在那里他曾是战败的美国大军中的一员,而这一次他依靠自身力量赢得了一场战争。而这就是疯狂的"肖恩时代"。

当然了,这个传说违背了所有历史事实。肖恩和他的倡导者们是20世纪的人对19世纪历史的重写,但《兰博》这部电影最有趣的地方就在于,它完全虚构了越南战争的情况,现实中的越南战争在影片上映的10年之前就已经结束了。也许正是因为这个原因,它对那些太年轻或太愚钝以致忘记这场战争的人有着十分强烈的吸引力。然而,对电影、传说和梦想来说,历史的准确性是无关紧要的,因为它们所反映的是与之不同的事实,是以欲望与恐惧为基础交织在一起,塑造着我们对于世界的理解。英雄是一个脱离了群体生活和文化存在的原生形象,同时他又使群体重新成为一个整体。他代表

---

[1] 电影《第一滴血》的原译名,史泰龙的经典枪战影片。兰博是头扎红色束发带,所向披靡的英雄形象,被国家抛弃的孤胆英雄,却又离不开战争的宿命。该电影反映了越战后美国社会对待战老兵的问题,也是反映战争后遗症的一部经典电影。https://baike.baidu.com/item/Rambo/7792843?fr=aladdin。——译者注

[2] 《第一滴血2》是由乔治·科斯马图斯执导,西尔维斯特·史泰龙、理查德·克里纳、查尔斯·内皮尔、茱莉亚·尼克逊、查尔斯·纳佩尔等主演的一部动作片。该片于1985年5月22日在美国上映。影片讲述了受派遣返回越南调查越战失踪军人的兰博被上司出卖后展开复仇计划的故事。——译者注

了一种对拥有独立的力量，以及不受他人影响而能改变他人的能力的梦想。这是一个根植于身体力量的传说，并被无私的英雄精神所证实，他付出着，却不接受任何东西，连爱也不接受。兰博和肖恩的性格是美国价值观的一部分，是对虚无缥缈、受到威胁的男子气概的投射，是对阉割的否认，是对自主性的执着——所有这些都与残障者那身体虚弱和依赖他人的特质截然相反。毫无疑问，残障人士是典型的美国式反英雄[1]。

在美国和许多其他国家的文化中，缺乏自主性和对他人的单向依赖会降低人们的社会地位。大多数社会中的儿童在社会化过程中学会分享和互利互惠，并在一定程度上使他们变得自立。过度依赖和拒绝互惠被认为是幼稚的特征，有这些特征的成年人——即便不是他们的错——他的地位也会下降。这就是为什么严重的残障者和老人经常被当作儿童对待的原因之一。互惠原则也影响着社会互动中的小范围政治活动，我们都知道，在日常生活中微妙的给予和索取中，那些接受了慷慨相助的人是处于给予者的权力之下。互惠原则被运用在所有的社会关系中，列维-施特劳斯告诉我们，它们是婚姻、乱伦禁忌和一切人类文化产生的基础。[2]这些原则也是我们人格的支柱，成熟的标志是既作为一个给予者又作为一个接受者。

正是由于这些原因，摆脱依赖一直是残障人士政治运动的中心目标，许多残障人士通过自身努力发现了自己的可能性。例如，我

---

[1] 美漫中的死侍、惩罚者、红头罩、猫女、黑猫、毒液都属于反英雄的代表。反英雄：https://baike.baidu.com/item/反英雄。——译者注
[2] Claude Lévi-Strauss, *The Elementary Structure of Kinship* (Boston: Beacon Press, 1969).

们在研究期间遇到了两名年轻女性,她们住在退休住房项目的一套无障碍公寓里。其中一位女士因脊髓损伤导致肢体残疾,她手部严重萎缩,但上半身的力量很好。另一位患有脑瘫的女士,有中度言语障碍,胳膊和手的功能非常受限。尽管这两位女士都使用轮椅,但她们都完成了大学学业。她们曾经住在宿舍里,现在正合租一套公寓。她们两人各自拥有一辆厢式货车,可以自己购物、下厨,满足自己的一应需求。患有脑瘫的女士握不住餐具,就由另外一位女士帮忙喂食。这一切不仅仅是一种可行的生活安排,它更向世界表明,身体上的损害不一定会损害人的尊严和完整性,甚至可能会增强它们。

依赖性与独立性、偶然性与自治性的问题并不局限于美国文化,它们普遍存在于人类所有社会关系中。自我生存和最大限度的自决权是生活基本动力的必要保障。我们试图塑造我们周围的社会生活,而不是成为它的爪牙或牺牲品,而一旦涉及权力的运用,无论多么微妙和温和,正如我所言,残障人士并没有这种资源。相反地,他们必须通过道德绑架来寻求社会控制,通过培养赞赏之情来寻求社会地位。但要想获得这种赞赏,就必须坚忍不拔、自力更生。这是一种很难维持的行为,而对残障人士的家庭来说更加困难。

在美国和整个工业化世界中,我们正是在核心家庭中有着最深刻和最完整的联系。核心家庭是我们个体身份的塑造者和维护者,是我们寻求保护和安慰的地方,也是我们发挥最重要的社会功能的地方。但是,虽然大多数家庭可以成为这个无情世界中的安全港,但它同时也是一个避难所,与我们逃避的领域相比,这里经常发生更多的冲突和矛盾。毕竟,家庭是建立在婚姻之上的,而当代社会的婚姻则是建立在流沙之上。

　　婚姻确实是一种极其特殊的制度，因为那些步入婚姻的人会为它付出巨大代价。当然，它为他们提供了性伴侣，而性生活不足的主要原因也正是婚姻的限制性规则。由于它所具有的强制劳动的特征，婚姻的其他好处也同样值得怀疑。女性必须对男性忠诚，生育和抚养他的孩子，而男性也必须为家庭贡献他的性能力和劳动。除了需要这种彻底的自我牺牲之外，婚姻关系还可能会消磨甚至侵蚀感情。这是一个不断斗争以维持个体性的竞技场，在忠于自己和忠于配偶、在顾及自己和照顾子女之间保持微妙的平衡。在我们的社会中，美满的婚姻会在配偶之间找到一个妥协的中间地带，既不会成为"暴君"，也不会成为"克隆人"，但大多数婚姻从未达到这种理想状态。面对这种权力斗争，我们为什么还要坚持结婚呢？答案很明显，存在于每一个已知人类文明之中的婚姻制度，它服务于社会整体的目的，而非个人的诉求。我们人类通过工作和繁衍服务于社会，我们的文化给那些参与者以奖励，给那些不参与者带来惩罚。这些劝诱的说辞因文化差异而不同，但在我们所处的大众社会中，单身状态会导致社会生活的脱节、疏离和难以言喻的孤独。

　　在现代社会中，夫妻之间的权力关系变化多端，又存在诸多问题。在过去的20年里，有大量的研究在探讨这个问题，所以我只想谈谈与残疾有关的那些方面。社会学界有一种经年的陈词滥调，认为丈夫/父亲是家庭实际决策的领导者，而妻子/母亲是情感中心，这种观点在美国社会从来都是不正确的，因为无论是过去还是将来，夫妻双方在家庭中都扮演着重要的角色。尽管如此，丈夫过去居于名义上的家庭领导地位，现在仍然被认为是唯一的，或至少是主要的养家糊口者的角色。众所周知,在过去的15年里,美国家庭实际收入的普遍下降使数以百万计的妇女进入了劳动力市场。而现在,传统的男性去工作、女性待在家的形式仅存在于少数美国家庭。可以预见到,当女性既要为照料家庭、养育子女作出贡献,又要去工作以提供家庭收入时,她们的家庭地位就会显著提高;如果丈夫失业在家,妻子赚钱工作,则角色会发生逆转。尽管美国社会中存在所有这些深刻变化,但一种古老的观念仍然存在:待在家里的男人就是一个游手好闲的失败者,而待在家里的女人就是一个贤惠的家庭主妇。女性**可以**参加工作,但男性是**必须**参加工作。由于大部分依赖机动车生活的残障人士都是没有工作的,他们成了经济上的乞讨者,由社会保障、残疾保险和家庭收入提供支持。可以预期,这种依赖性对男性社会地位的影响比对女性的影响更深远。

一位重度残疾,因而严重依赖他人的家庭成员的存在对其整个家庭结构会产生深远的影响。这种影响的性质取决于其残疾之前这个家庭的凝聚力,但也因残障人士的性别、年龄及其表现而有所不同。1963年,弗雷德·戴维斯在其出版的《渡过危机》一书中记录了16个家庭发生的社会变化,这些家庭中的儿童感染了麻痹性脊髓灰质炎。[①]大多数家庭觉得由于成员患病,他们经历了更大的团结,这大概是因为所有家庭成员都团结起来支持患病儿童的缘故。残疾的依赖叠加并强化了儿童的正常依赖,既加深了亲子关系,又强化了兄弟姐妹之间的纽带。许多家长还报告说,他们对所有的孩子都

---

① Fred Davis, *Passage Through Crisis: Polio Victims and Their Families* (Indianapolis: Bobbs-Merrill, 1963).

变得更加宽厚和仁慈，他们自己将这种反应归因于对患病孩子的溺爱纵容，并希望避免偏袒任何一个孩子。综上所述，伴随着家庭互惠关系的增强和父母角色的柔化，家庭的纪律惩戒特征也会弱化。

当残障者是一个成年人时，情况却完全不同。我们注意到在我们研究的一些案例中，残疾儿童成长为成年人并与父母生活在一起的模式比正常儿童更为常见，其中成年后孩子般的依赖关系仍在持续。在抚养残疾儿童的过程中，爱的支持也许是必要的，但当它超过了童年时期依然存在，就会导致一个人情感上的不成熟。残疾的年轻人在各个方面都过着受庇护的生活，他或她经常面临着缺乏生活经验的生活，这种缺陷由于对整个世界的一种固有依赖而进一步加重。

当丈夫或妻子一方残疾时，家庭系统就会受到更大的干扰，因为通常的权威和互惠角色完全失去了平衡。身体瘫痪带来的第一个问题就是夫妻间的性生活可能会被终止或彻底改变。即使要实现成功的调整，相比于其他婚姻，也需要更多的时间和相互理解。我第一次遭遇性和瘫痪的问题是在1960年，当时我在加州大学伯克利分校任教。当我讲到课程中有关乱伦禁忌的部分时（这个话题当时被认为非常俗气，只有人类学家才会谈论），课后，一个戴着便携式呼吸器的年轻人走到我面前，说他在他接受小儿麻痹症治疗的诊所里，曾经接触到一些乱伦案例。在所有涉及父女乱伦的家庭里，母亲大都是患病状态；大女儿承担她母亲的家庭责任，最终包括与父亲发生性关系。妻子的残疾对家庭的影响是如此之大，以致它打破了乱伦的禁忌。但是，在大多数情况下，残疾妇女比残疾男子更有可能过惯例的性生活，而残疾男子可能因其身体状况而变得无能。

同样地，性别差异也会影响其他的人际关系。与女性相比，欧美国家的男性尊严更多的是建立在工作和职业上。即使对于残障人士来说，"家庭主夫"的社会角色也没有被广泛接受。在家庭的互惠经济中，残障者往往失去作为主要养家糊口者的核心功能。丧失了性和经济方面的权力，男性在其他方面的所有活动都受到了影响。作为父亲，他发现因为自己失去了身体上的支配地位，他需要依靠道德约束或者说理来确立家长权威，因为他已经失去了体格上的优势。由于失能原因，他在家庭中的功能因其他方面的缺陷而削弱了。他再也不能割草、修理漏水的水龙头、做书架、粉刷房子、和孩子玩捉迷藏、遛狗以及做其他成百上千件能象征他丈夫和父亲角色的事情。他整天待在房子里，身处其间却没有任何角色或追求。即便妻子出去工作，家庭控制权也仍然牢牢地掌握在妻子手中。

　　残障女性可能会好过点，但在某些方面可能会更糟糕。从积极的一面来看，和男性相比，她的身份和公众地位不像男性那样完全取决于职业，而且她留在家里更能被社会接受。此外，如果她的残疾不太严重，她可能会继续做家务和做饭，因此她作为情感中心以及教育孩子的角色受失能的影响较少。但是，妇女的地位也有某些不利之处。首先，在这个社会中，女性是审美标准的受害者，由于身体上的瑕疵，她们可能比男性更容易被贬低。另外一个劣势是，至今为止，通常照顾失能家庭成员的责任被划分给妻子而非丈夫；女性接受过这个角色的训练，而男性则没有。从这种性别角色的划分中，产生了一个基本事实：残疾丈夫通常可以从妻子那里得到更多关怀，但如果角色互换，则这种可能性就会降低。

　　正是在这种简单的身体依赖的层面上，残疾成为家庭生活的主导主题，因为所有的社会关系都围绕着残疾重新组织起来。残疾的成人有时必须像孩子一样受到照顾，这取决于他或她病情的严重程度。就像我成为一个四肢瘫痪的人，手和胳膊失去了作用，就会需要尤兰达给予我全部，甚至更多的照顾。丈夫成为兼职护士会违反社会习俗，而妻子发现自己多了一个额外的孩子也是不被允许的。毕竟，很多女性都身体健全却高度依赖她们的丈夫，而在退休的老年夫妇中，妻子的优势地位也更多地受到关注。

家庭结构内部的这种变化通常会造成很大的压力，并带来自我伤害。四肢瘫痪的丈夫可能会对自己的依赖感到愤怒，并对妻子随之而来的支配地位感到愤恨。性生活不满意是身体健全者婚姻摩擦的一个常见原因，这在残障人士中也很普遍。但是，找不到替代性生活的情欲表达方式，可能一定程度上反映了以往性爱模式的贫乏和缺少多样性。配偶也可能发现自己不愿意或者没能力去照顾伴侣，并可能逃离这种婚姻。我记得一个特别令人心酸的故事，一个年轻的妻子，她的丈夫在她患上多发性硬化症的早期勇敢地支持她，但后来他无法忍受需要提供紧急护理所带来的身体和情感的压力，怀着内疚与她离婚。之后这位妻子住进了一家疗养院，而这位丈夫再婚后也仍然定期去看望她。

必须再次指出，残障人士的家庭中有时会隐藏着负罪感。这是受损者最基本的、自我谴责的愧疚感，这种愧疚感逐渐加重会成为一种负担。对于身体健全的家庭成员来说，他们感到愧疚是因为自身的完整以及他人的不完整。这听起来很熟悉，对所有家庭而言都有个愧疚之网，这也是他们之间相处和睦或产生矛盾的根源。但是，在那些有残疾者的家庭中，这种负罪感要强烈得多，相应地也更难

第八章 深爱与依附

抑制。

　　婚姻作为逃避冷漠的避难所，在我们这个分裂的、非个性化的社会中承受着沉重的负担，这就是为什么半数美国婚姻都会失败的原因。当婚姻被附加上失能的问题时，它们经常就走到了尽头。事实上，残障人士的离婚率明显高于一般人群，特别是年轻夫妇的离婚率。但现在是一个离婚的时代。曾经有一段时间，当我的一个朋友离婚了，我会想："是什么让他们分开的？"而如今，看着结婚多年的夫妇，我会问："是什么让他们还在一起的？"当其中一方身体受损时，这个问题就更加重要了。正是有了这个想法，我才开始回顾我丧失能力的历史以及我们婚姻的历史。

　　1950年1月初，我在哥伦比亚大学的体质人类学实验室里第一次遇见尤兰达，她在那里研究骨头和沙子，而我去那里仅仅是为了"研究"她。我们穿过阿姆斯特丹大道去喝咖啡，从那天起我们就形影不离了。尤兰达出生于华沙，父亲是波兰人，母亲是美国人。在她两岁时，父母分开了，母亲带她来到纽约。她母亲先是在那里做裁缝，后来又在第七大道做服装设计师。尤兰达的母语是波兰语，但她是作为一个美国女孩长大的，她忘记了波兰语，身上也没有波兰文化的痕迹。她再也没有见过她的父亲，也丢失了关于父亲的记忆。从一所没有留下什么美好记忆的天主教高中毕业后，她进入亨特学院（Hunter College）主修人类学，有时读夜间学校。就这样，沿着这条路，她进入了哥伦比亚大学的体质人类学实验室读研究生，并和我一起喝咖啡。

　　大概在12个星期后的4月1日，我们结婚了。这真是一场愚人节的婚礼，因为1948年我们的父亲和祖母相继去世后，我那两个十几岁的弟弟就一直和我住在一起。再加上当时我是一个身无分文的研究生，她的家人不看好我们的结合也是理所当然的。头两年我们有时还会吵架，就连我们的朋友也在怀疑我们的婚姻能持续多久。

我们靠我每月110美元的《退伍军人福利法案》津贴（按今天的美元计算，相当于800美元），外加一些兼职工作赚的钱，勉强维持了拮据的生活。最大的困难是将两个不同背景的个体变成一个共同体。即使在最好的情况下，这也是一件棘手的事情。而且我们与两个兄弟一起住在阿姆斯特丹大道一间无电梯的小公寓里的生活也远非理想中的样子。但是在1952年，我们迎来了一个转折点，能够外出做民族志的田野调查，这也是人类学研究生生涯中的一个阶段。我的弟弟戴维高中毕业后，获得了哥伦比亚大学的奖学金；另一个弟弟彼得住到我哥哥约翰那里去了；而尤兰达和我去了巴西的亚马孙地区研究蒙杜鲁库印第安人。正是在那里，我们真正了解了彼此，同样地，或许是我们成功地在自己的头脑中创造出了彼此的样子。

我们在蒙杜鲁库人那里获得的主观经验难以言表，因为他们是年龄不一的一群人，他们生活在不一样的意义网络中，我们所看到、所听到的都是过去不理解的东西。就像被扔在他们中间一样，我们也被困在一个没有形式、感觉或可预测性的世界里，直到我们的研究揭示了他们行为背后隐藏的合理性。但正是这种努力颠覆了我们对现实的先入为主的偏见，使我们带着对蒙杜鲁库文化很不充分的理解，与美国城市文化渐行渐远。这种分别构建的现实之间的张力，以及充分理解大部分现实是传统技巧所带来的震惊，是人类学经验的本质，也是改变其视角的熔炉。

尤兰达和我宛如荒野中的孩童，我们沉浸在陌生的文化中，抛弃了许多以往的观念，甚至包括一些关于我们自己和彼此的先入之见。这让我们在一场只有我们参与的对话会中，重建和重新连接一个改变了意义的世界。社会学家彼得·伯格和汉斯弗里德·凯尔纳曾提出，人类通过对话的形式保持他们对现实的理解。也就是说，他们通过相互的口头保证来维持、改变甚至可能创造出彼此对现实和意义的理解。[①]他们写道，没有什么地方的谈话比在婚姻的范围内更激烈、更广泛。在我们这个案例中确实如此，在蒙杜鲁库这一年中，除了彼此之间的交流，我们很少说英语。但我们两人之间交流很多，很少和彼此分开一小时以上。我们一直讨论工作、我们以往的观念、我们的未来、我们新邻居的生活和性格以及其他的一切。我们对蒙杜鲁库文化的解释无疑被蒙杜鲁库人自身的观点所影响，但我们对自己和婚姻的重新解读是我们自己创造的，不受其他文化成员的影响和评判。

在蒙杜鲁库乡村将近一年的时间里，我们很少见到非印第安人，我们只休息过一次，这次旅行花了我们整整一个月的时间，从亚马孙河上的圣塔伦（Santarem）乘船到支流塔帕若斯河（Tapajós）上游的蒙杜鲁库。与所谓的"文明"相隔绝后，我们逐渐习惯了人们那黝黑、有纹饰的脸庞，习惯了我们那栋屋顶剥落、墙垣皲裂的房子，习惯了从人们的房屋中传出的号角声，也习惯了顺应文明社会交谈时的柔和语调。我们的家乡是如此遥远，以至变得不那么重要

---

① Peter Berger and Hansfried Kellner, "Marriage and the Construction of Reality," *Recent Sociology* 2.

了，而我们对自身的处境却有着复杂的感情。一方面，我们想念家的舒适和食物的多样性，认为我们已经落后于人了；但另一方面，我们又被周围文化中相对未分化的特质深深吸引着。这就好像我们倒退到了一个不那么分裂和分化的社会制度中，满足了隐藏在我们内心深处的一种神秘的返祖主义。

在这段与世隔绝的经历中，我们对彼此情感和生理支持的依赖，达到了一种大多数人无法理解的程度。这不是段容易的日子。我们睡在吊床上，板条箱组成了我们的家具，完全按照印第安人的饮食习惯生活。甚至也有危险的时刻，比如有一次，我们乘坐一艘超载严重的独木舟，在洪水高涨的塔帕若斯河激流中穿行了100英里，并且数次和灾难擦肩而过。这种经历对人类学家来说并不罕见，在加深了我们相互依赖程度的同时，也与我对尤兰达越来越多的尊重和钦佩交织在一起。

这一年之中也有许多美好的时光。尤兰达记得蒙杜鲁库妇女给她带来姐姐般的温暖，她们经常呼唤她结伴去溪流边。她们也会摇动她的吊床，用歌曲一般的语言问她："尤兰达，你睡了吗？"我们也记得在炎热的午后，我们赤身躺在溪流的沙床上，让清凉、干净的河水流淌过我们的身体，同时看着巨大的赤道云从我们头顶飘过。或者在被粉色和淡紫色薄雾缭绕的黎明中，在房子前面喝着咖啡，研究从山谷里飘上来的蔓状雾气，当地人说这是由神秘旅行者升起的篝火中产生的烟。这是片被施予魔法的栖息之所，居住着活生生的灵魂和古老的记忆，在神话中，这片土地被赋予神秘色彩。这一年让我们觉得仿佛回到了童年时代纯真的日子。

我们延续至今的婚姻可以说是诞生于塔帕若斯河源头的森林和

稀树草原，而不是那个举行了典礼的圣保罗教堂。这种经历可能会破坏一段婚姻，但它却成就了我们的婚姻。这次田野调查之旅，我们在相互给予和相互支持的基础上产生了深深的联系。在几个月的与世隔绝中，我们的关系产生了高度自省和排外性，也伴随着高度"私人领域"的产生。除此以外，还产生了一种深深的忠诚感，这种联系不一定能保持平静，但是能够在巨大的挫折面前继续保持稳定。成熟的结合是完整的，涵盖了我们生活的方方面面，我们用了整整一年的时间建立了一个完整的社会体系，一个由两个人组成的小小的美国文化前哨。但是，也许最重要的是，我们的长期对话形成了一个共同的观点，即世界是什么样的，我们是谁，我们想从生活中得到什么。我们已经成为一个整体。

毫无疑问，这种联系强度的加深是以自我的牺牲为代价的，是在长时间的婚姻生活中相互适应形成的。这种奇怪的蜕变让结婚多年的人适应了彼此，因为我们每个人肯定都失去了很大程度上的自发性和自主权。然而，这些适应并不能保证家庭幸福，我们的一些困难来自为保护我们剩余的个性，以及我们的私人领域而付出的最后努力。格奥尔格·齐美尔是对的，完整和充满激情的婚姻孕育着巨大的期望以及深深的介入感，我们的婚姻常常被表面上的成功所干扰。我们也有过困难时期，尤其是我酗酒的那段极其不快乐的时期，但即使在最糟糕的时期，我们也从未考虑过分居或离婚。

在我患病的这些年里，我从一个积极的父亲和丈夫，一个为尤兰达和孩子们提供帮助和支持的人，变成了一个被动的服务接受者。我以前在家里做的许多杂务，从室内油漆、电器修理到割草和清扫庭院，现在都必须由别人替代。鲍勃接手了大部分工作，尤兰达也开发了机械方面的特长。我的角色仅剩下提供技术方面的建议，尽管尤兰达和鲍勃认为我是帮倒忙的，总是出一些没头没脑的建议。不用说，我经常认为他们做的事情不对，当然这是从我的角度来说的，因而常常觉得有必要去提醒他们。当我做错的时候，这会带来保全面子的问题；但当我做对的时候，会带来更大的困难，尤其是如果我愚蠢地吹嘘这件事，或者让沾沾自喜表现在脸上的时候。他们坚持按自己的方式做事，这应该是每个工作者的特权，但这无疑将使我无所事事。尤兰达经常会征求我的意见，而鲍勃却很少这样。在手工方面鲍勃也有一点大男子主义，他也培养了管理上的自信，而这点无疑令现代女性感到恼怒。在家务方面的让步让我有时觉得自己好像被搁置一旁，是个局外人。鉴于这种被动和依赖的地位，作为家庭首要财务来源的角色在我心里有重要的象征性意义，它成为我个人尊严的重要支柱。

  与家庭生活疏远的感觉部分源于我的行动不便。发生在二楼、地下室以及户外的交流和活动都超出了我的能力范围。一段厨房里的交谈可能在我到达那里之前就已经结束了。在社交生活的付出与回报中，自发性和能动性的作用是不言而喻的，也是理所当然的，所以人们有时会保持沉默，而我的家人也没有意识到冷落了我。有一次我向尤兰达抱怨说鲍勃回家时没有跟我打招呼，他从厨房进屋只是随便示意了一下，然后都没穿过客厅就上楼去了——虽然他一直都这么做，但我现在觉得这是一种怠慢。尤兰达向他指出这个问题后，考虑到我的敏感，他会特意绕道过来问候我，这种敏感如今已经变得有些病态了。现在他已经学会如何老练地应付我。还有许多诸如此类的小事，我的失能无疑已经影响了家庭话语的风格。

第八章 深爱与依附

可以设想，家庭成员在对待残障者方面会变得越来越熟练，以至所有的矛盾、不确定性和痛苦的自我意识都将消失。尽管与新认识的人甚至是朋友相比，残障人士的家庭关系表面上看起来要平稳得多——没有那么焦虑和不确定，但问题只是转移到了另一个层面。与外界相比，家庭纽带，尤其是婚姻关系，在情感上更密切，在内容上也更多元，包容性也更大。每个家庭都是个隐秘的社会，是一个由信息和依赖构成的封闭世界，同时也有爱、恨、猜疑和嫉妒。其中包含的社会关系充满了矛盾心理，这种心理通常会因身体上的缺陷而被放大，对家庭造成的伤害比任何其他伤害都更深刻。与同陌生人互动相比，残障人士与家人互动中的扭曲可能不那么严重，但却更为普遍，也更具破坏性，因为它所侵蚀的正是大多数人寻求支持、保护和爱的避风港。

因为我身体上的失能，许多问题悄然降临到我们的婚姻之中，通常是偶然出现，并不太频繁。此外，我们比大多数夫妻相处得更好，不管有没有残疾因素。一天之中，除了她给我的主要照顾之外，我经常需要尤兰达帮我做一堆琐事。我知道她的负担过重，所以通常不愿开口，并对打扰她感到有点愧疚，这种愧疚感也因为我受损的身体而加重。因此，我总是对她回答时的语气很敏感：我是否察觉到了一丝不耐烦？她生气吗？她太劳累了吗？我应不应该叫她？那轻微变化的语调是不是在说："他究竟是想从我这里得到什么？"这不完全是我臆想的混合产物，我们结婚这么多年了，彼此都非常熟悉对方丰富的言语表达，包括声调、口音、重音、手势和面部表情。毕竟我们在亚马孙的时候已经知道如何通过半句话、部分词汇以及嘟囔来实现交流。然而，在我的残障心态下，虽然我捕捉到了正确的线索，但我改变并放大了它们，我会把一个小小的疲劳解释为怨恨，将拒绝理解为转瞬即逝的恼怒表达。对这些回答的预期反过来又会影响我表达请求的方式。有时候，我的声音里带着一种从未有过的怨气，这些在折磨我的同时也在折磨尤兰达。我的声音经常会因为预料到了可能会有的不良回应而流露出消极的情绪，但有时恰恰是因为这样做而导致了消极的反应。

在某些方面或在某些时候，我们会对对方产生防卫心理。尤兰达经常在我的要求和回答中读出一丝专横的味道，她说："不能等一等吗？我很忙。"通常我会感到生气，因为她指责我的需求中带有须立即服从的味道。很自然地，她会以同样愤怒的方式回应我，如果不是因为我们彼此非常了解，而且了解我们之间细微分歧的社会学意义的话，就会引起一场全面爆发的婚内争吵。我们之间通常会有一个心照不宣的休战，我们会沉默片刻，然后继续交谈，就好像什么都没发生过。

尽管如此，在我们的关系中，还是出现了一种前所未有的高度自我意识和谨慎的心理，这也造成了我们之间的坦诚和自觉的降低。我们通过更圆滑和微妙的方式来避免冲突，这已经成了问题的一部分，而不是解决问题的办法。某种程度上，我们像是陷入了镜廊之中，镜面扭曲了随意的接触，但方式却更为亲密。如果这能给一段建立在36年婚姻稳固基础上的关系带来麻烦，那么也许我们就可以理解残疾对大多数夫妻来说多么具有毁灭性。由此，两位社会科学家对他们自己的经历进行了研究。

残疾、依赖和互惠关系中的不平等削弱了我在家庭中的领导作用，现在家庭生活的重心不再是我个人的优势，而更多的是我身体

第八章 深爱与依附

的弱点。然而，我的权威的日渐式微，并不是由疾病突然引发的急剧下降，而是在我丧失能力之前漫长过程中的又一步。

在我们结婚的前两年里，主导权对我很重要，因为它是年轻男性自信的男子气概的一部分。我们在一起的初期阶段，很多问题都源于所有婚姻中都存在的地位斗争。一场往往会持续一生的性别战争，有时还会缩短婚姻持续的时间。当我们去南美洲的时候，我们婚姻斗争中最激烈的阶段却戛然而止，因为在那里，生活已经退化到最基本的状态，相互支持变成了一种残酷的需要。我在巴西也发现尤兰达是一个不服输的人，从那以后，我们的性别之战再也没有大规模地爆发过，因为我很早就意识到我可能会输，尤其是如果我认为自己快要赢了的时候。

在我们的孩子还小的时候，我们步入了当时的标准婚姻模式，即尤兰达在家带孩子，我外出工作。但是，我的工作没有使我像其他就业者一样远离家庭生活，因为我的大多数学术工作都是在家里完成的。我有很多时间和家人待在一起，这缓和了由性别不同带来的劳动分工。尽管如此亲密，我在家庭中宣称的领导力由于我的酗酒行为而被严重地削弱，我没有成为保护尤兰达、为她提供安全感的源头，反而成为脆弱与不确定的焦点。尤兰达成了家庭稳定的中心以及我的拐杖。1966年我戒酒后，她一开始很难理清家庭关系的变化，并接受她垄断地位的丧失。在一次争吵中，她控诉我"伪善"和"假正经"的行为变化。戒酒大概能像喝酒一样扰乱婚姻的稳定。

1968年，孩子们分别是10岁和11岁的时候，尤兰达在一所高中有了一份兼职教师的工作。就在这一年，我迎来了一个学术休假，待在家里写书，而尤兰达去上班了。这并不是一个完全的角色互换，但我确实为孩子们准备了午餐，并做了很多家务。尤兰达的工作对她来说意义非凡，但这与我们一直共享的财务控制无关。我们的银行账户一直是联名的，我每个月给她发一次生活费——这是一种无意识的传统，在这种传统中，女人们会抢在男人们去酒吧消费之前拿到这笔生活费。工作使尤兰达的自我形象发生了改变，也使她对自己的能力有了一个与以往迥异的评价，因为尤兰达通过工作发现自己很有天赋。1971年，她获得了硕士学位，在帝国州立学院任教之前，她也曾在新泽西州的费尔利·迪金森大学（Fairleigh Dickinson）和西顿霍尔大学（Seton Hall）任教。1974年，我们合著的《森林中的女人》就是在她论文的基础上完成的，从此她开始了她的职业生涯。

在那本书中，我们提到在蒙杜鲁库的男性统治中，象征多于实质，这在我们自己的婚姻中也是如此。尤兰达给我一种象征性的顺从，总是问我晚上想吃什么、想去哪里等，但在重大决定方面却是绝不妥协。例如，1963年，我的老朋友、哥伦比亚大学的前教授查尔斯·沃格里（Charles Wagley）打电话到加州，问我是否有兴趣回去教书，是尤兰达接的电话，听到这个邀请后她说："当然了，我们乐意回去。"她说的没错，但是也让我处于一个难以讨价还价的境地。和大多数丈夫一样，我很早就知道她通常对某些事物有一种不言而喻的偏爱，而我所要做的就是自己猜出或者从她那里套出答案来。这种相处方式一直持续到我失能，但是尤兰达的顺从现在来看更多的是流于表面。因为失能，我的选择空间收缩，同时做选择的权利因我无法实现而逐渐妥协。在微妙的家庭政治中，通过一系列小得难以形容的步骤，我们已经超越了平等，使权力的平衡落在了她的身上。我们对彼此的依赖不再平等，她所增加的权力也增加了她的责任，我也认为这一切都很适当。

尤兰达发现她很难表达对我病情的看法，因为这需要去面对被压抑了十多年的悲伤、难以言喻的情感冲突以及对我的矛盾心理。抑郁症有时比残疾本身更严重地困扰着残障人士的家庭。当我得知诊断结果时，我的反应是情绪麻木，而尤兰达则是回家痛哭，这让我无能为力。随着我病情的恶化，她的情绪持续低落，有时不分时间地点地突然哭泣。这不是临床抑郁，即神经衰弱症的临床表现，而是对生理疲劳和绝望的正常反应。毕竟，她有一个患病丈夫，无法治愈并且不断恶化，甚至会致残或致命。这种情节看上去简直就像部恶俗的肥皂剧。

身体上的疲劳加上过度的投入和角色冲突，使她在日常事务中陷入了失序的状态，她的所有计划都要围绕着我的需要。因为帝国州立学院强调的不是上课的方式，而是独立学习和辅导工作，所以她通过预约来见学生，这使她能够根据我的时间表来调整自己的工作。然而，这种结果让她在拼命地去学校开会、购物、做饭、吃饭、备课和照顾我之间连轴转——就像三十多岁的现代"超级妈妈"们进行的时间赛跑。而且，这些计划调整都是易变的和试探性的，就像一座随时可能倒塌的纸牌屋。她的计划从来都不是清晰和稳定的，当她从一个杂务转向另一个杂务时，几乎快陷入了恐慌。就这样，混乱加剧了她的疲劳，使尤兰达觉得自己被困在一个没有出口的迷宫。

在这种情况下，有人可能会问尤兰达为什么不辞职。部分是经济原因，在医疗保险以外，我们每年还有数千元的额外医疗支出，因而钱是个相关因素。但更重要的是,她的职业生涯是她仅存的最后一个堡垒,是她唯一独特的活动,这种参与使她成为一个独立的人,而不是一个没有薪酬的保姆。她往返纽约纳努埃特(Nanuet)或怀特普莱恩斯(White Plains)的50英里旅程,是对我和我所带来的麻烦的一种逃避,是进入另外一个没有家庭压力的世界的隐匿,并且她也热爱她的工作。结合上述原因,我们都觉得她应该继续教书育人,但是她仍然害怕终有一天,我的需求会迫使她无法继续工作,最终她会成为这个家庭和我的囚犯。

我的依赖沉重地压在她身上,激发出夫妻间矛盾心理的所有负面情绪。她知道这不是我想要的,但是依旧憎恨这一切。同时她也对产生了这些想法觉得愧疚,这些共同造成了问题。我对尤兰达的依赖已经远远超过正常婚姻的程度,她给予我的照料与其说是妻子般的,不如说是母性的。她做着一个母亲为孩子所做的一切,我们都以压抑对彼此的敌意来对抗我们关系中的这种突变。我说自己想要一个妻子,而不是母亲——但她也一直都是我的妻子,现在我真的是有一个"贤妻良母"了。但弗洛伊德不是也说过关于母性与两性关系中的问题吗?我抗议的是不是有点太多了?

尤兰达的一些烦恼更难以捉摸。她对我常常表现出的所谓的"勇气"有一种厌倦,因为她会看到有时我在逆境中表现出的快乐消失的时候,一天中所有对抗挫折所带来的负面情绪都爆发了。她知道我是在装模作样,但她知道自己也是一样。她在公众场合的角色是一个快乐的妻子,一个自我牺牲、毫无怨言地陪伴残疾丈夫的伴侣,但她在人后的举止可能完全相反。其实,我很感激她偶尔发发脾气,因为一想到要与一个愉快的殉道者维持着婚姻就令人毛骨悚然，她就算生气我也觉得非常内疚了。在私下里，我们对彼此更加坦诚，如果这导致了偶尔的争吵，那么这也是我们为一直试图觉察到的诚实所付出的极小代价。此外，我们大多数时候的互动并没有这样的摩擦。

残障会影响整个家庭，但是我们尽力避免这种情况，避免其他衍生问题，这种病态性封闭对家庭来说和失能这件事情本身一样严重。因为我一直保持活跃并积极参与家庭事务，房间也一直对孩子和他们的朋友们开放，在我和年轻的来访者之间几乎没有回避或尴尬的情况。两个孩子都被我的病搞得身心俱疲，但随着他们长大成人，帕姆和鲍勃选择了不同的道路。尤兰达和我强烈地感到，在我的病情最严重的时期，帕姆是最需要我们的，而在那时我们却无力给予她任何支持，后来她很早就离开家结婚了。鲍勃上了大学，毕业之后又回到家，并且一直待到现在。他在新泽西的一家公司的工厂里做管理工作，在我们需要的时候他可以随时提供帮助。不过，这并不是导致他仍然单身的原因，相反地，他是尽可能推迟结婚的新生代中的一员。总有一天，他也会离开，就像所有年轻一代必然会做的那样，而尤兰达和我也终会离开，但目前我们会继续坚持下去。

在我们数十年的围城中，尤兰达像我依恋她一样深深地依恋我，她有自己的依赖形式，艰难时期里我们对彼此的强烈需要维护了我们之间的纽带。我们围绕自己建立了一个独属于两个人的宇宙，我们已经成为彼此的延伸，吸引着彼此。但从某些方面来说，我们仍然是陌生人，因为在我们共同生活的36年里，我们通过谈判，达成了在不失去自我的情况下去支持对方这样一种状态，坚持在一起。

在我们储存私人情绪和记忆的地方，在我们有着奇思妙想的地方，总是有残留的内在自我。因此，尤兰达对我来说仍然是个谜，但这也是为什么爱情的魔力得以存在这么多年的原因。

长期的婚姻生活里也有特殊的乐趣。早年的激情会被情爱之外的友情所取代，探索彼此的乐趣会被知识的满足所取代。如果一个男人年华已长，他就能很好地解决一些棘手的问题，从而发现成熟的女性往往拥有更大的魅力，这是一种由更大的智慧、更强的自信和更深层次的性感混合而成的诱惑力。漫长的婚姻使得他们共同面对这个带有敌意的世界，形成了一个对外界保持沉默的小团体。他们记得孩子们出生并长大，也记得共同快乐和悲伤的瞬间。尤兰达和我仍旧记得，当时生活在那些沉浸在自己的世界、充满魅力和奇迹的民族之中的岁月，我们更会记住彼此。

当我的身体越来越平静时，我回顾着这一切，却什么也改变不了，因为我被一种越来越强烈的无法逃避的感觉所征服，这种瘫痪是有它自己独立的逻辑和意义体系的感觉，是一种不可逆转地嵌入这个结构中的感觉。

第九章
生命无药可医

"我们知道宇宙的最终结局——"向导说,"而且与地球没有任何关系,因为它也被消灭了。"

"宇宙是如何终结的?"比利问。

"用飞碟新的燃料做实验的时候,我们把它炸了。一名特拉法莫多里安的试飞员按下启动机按钮,整个宇宙就消失了。"事情就是这样。

"如果你知道这一点的话,"比利说,"难道没有办法阻止它吗?你就不能阻止飞行员按下按钮吗?"

"他一定会按住它,他会坚持下去。我们也一样,并且让他永远坚持下去。这一刻就是这样被安排的。"

——库尔特·冯内古特
《五号屠场》①

直到一切该结束的时候才会结束。

——约基·贝拉

在医院里,我对疾病和衰弱产生了一种挥之不去的恐惧感:仿佛

---

① 译文出自虞建华译:《五号屠场》,译林出版社2008年版。——译者注

在过去的几年里,我一直在为现在而排练,用夸张的语言重温我的过去,经历着对生活本身野蛮的模仿。我被困在一个无法逃脱且避无可避的过程中,我无法抗拒,只能迷茫地看着。从一种反常的视角来看,我身体的退化过程似乎是合情合理的,因为我存在的每一个时刻,都是我的过去和未来,我对过去和未来的回顾并不是自己的噩梦。事实上,它在某种程度上是把整个社会生活的过程用夸张的形式显现。

瘫痪是生命和无序状态的一种不平衡,我在探索这个关系的过程中扮演了萨满的角色,试图通过将其放在神话和信仰的背景中,把病人和疾病进行调和。我的叙述与秘鲁亚马孙希皮博部落[1]萨满的神话有着惊人的相似之处,人类学家丹尼尔·列维(Daniel Levy)说,这些萨满在讲述他们的神话时保持身体完全静止不动。动作的完成是通过声音和风格来表现的,并且活跃在观众的想象中。我的任务与萨满所为的不同之处在于它不是寻求治疗,而是强调理解。因此,在一个没有任何绝对意义的世界里,这一直是对一种意义的追求。出于可以理解的原因,对他们的痛苦所带来的难题,残障人士比大多数人更感兴趣。有些人愿意顺从上帝的神秘设计,或者相信他们是为了某种特殊的目的而接受神的考验。这种态度的优点在于回答了"为什么是我?"的问题,并且增强了个人在宇宙中的重要性。它还讨论了人类苦难的问题,这是《约伯记》的主题,那个古

---

[1] 希皮博人(Shipibo-Conibo 或 Shipibo Konibo),生活在秘鲁乌卡亚利河流域(亚马孙河源流之一)的原住民,沿着乌卡亚利河,大约生活着150个小型的生活社区。——译者注

代的抱怨者把自己的痛苦归咎于上帝。① 然而，无论宗教给予的安慰是什么，科学驳斥了把人类置于宇宙中心的逻辑。我们所有的证据都是相反的，因为有机生命进化过程中的唯一目的是用适当的原生质填充环境中的每一个生态位置。

也许最终没有意义，但我们的确生活在一个普通的宇宙中，否则我们无法忍受智慧的存在。然而，我们的意义是人为设计的、极为武断的，这给我们的生活、我们的抱负和我们的行动提供了一种虚假但有用的合法性。人类学的数据充分证明了文化是人类的发明，在其丰富多样的变化中，不同社会的人们获得不同意义并赋予其价值的框架。正如我所说的那样，现实在一定程度上是一种社会产物，一种维系和指导生活的集体幻觉，但它是一种脆弱的幻觉，必须通过社会活动和对话不断地呈现。因此，大多数意义都只对它们所属的文化形态有意义，而与跨文化属性无关。这条格言对大多数社会人类学家来说都是绝对真理。

之前已经说过，我们理解世界并赋予其价值的系统是相对性的，说到这点，我再补充一下，有些部分比其他的更具相对性。虽然以各种不同的方式进行表述，但生命的保存和延续在任何地方都是最重要的价值。最起码，人的生命被夺走，在一个社会中是不能被接受的，即使在美国的城市也是如此，尽管这里每天都会发生类似的事情。生命在所有社会中都是受到重视和保护的。而死亡，尽管不可回避，却总是对社会结构构成威胁。

---

① https://www.jw.org/cmn-hans/%E5%87%BA%E7%89%88%E7%89%A9/%E5%9C%A3%E7%BB%8F/bi12/%E5%9C%A3%E7%BB%8F%E7%BB%8F%E5%8D%B7/%E7%BA%A6%E4%BC%AF%E8%AE%B0/2/.

爱——或者至少某种深沉的、积极的、弥散的、持久的联系——是另一种普遍的联系。在所有社会中，无论其社会制度如何，母子关系都是原始的、持久的、强烈的，它是我们与其他人的所有纽带产生的温床，它是人类在之后的生命里试图重建的一种结合。尽管不同社会诠释爱与死的特殊符号各不相同，但它们的基本结构却大同小异：生命和爱恋与死亡和疏离都是相对立的。它们凭借无处不在的重要性和普遍性，在所有社会中都是核心主题。

瘫痪是这场斗争的隐喻，因为它激励受害者直接参与反对瓦解的斗争。前几章是关于大脑对身体控制的崩溃，并用无意识痉挛和惰性取代了有智慧的定向运动。瘫痪启动了一个与他人疏远、与自己的身体疏远，并最终疏远自己的过程。它是死亡的隐喻，也是对生命的评介。残疾确实有一种人类赋予的意义，它是一种普遍的意义，能够超越特殊的疾病，超越另一种文化，并涵盖整个社会生活。残疾关系到那些不可预测的人性，在相对论的潮流中，我相信有男人和女人这样的差异。我不赞同人类学上的假设，即所有人在心理上都是一样的，都是消极的，我们都是文化书写之下的一张白纸。相反，我遵循的是列维-施特劳斯的教导，认为无论在什么文化中，所有的智人都有一种共同的心态，那么，这些共性是什么呢？

要理解瘫痪对人类处境的意义，首先必须考虑我们的物种性质。大多数人对人性的思考都是在寻找自然人最不常见的特质，或者至少是自然、遗传、普通的男人或女人拥有的最不寻常的东西。17、18世纪的社会契约哲学家们思考着处于一种自然状态下的人，即没有受到文明的好处或弊端的影响。卢梭认为这些"自然"的人类本质上是好的，而托马斯·霍布斯（Thomas Hobbes）则认为他们是相当可怕的；现代人类学的观点认为，没有自然人这样的生物，而人是好是坏的问题是无关紧要的，这是主观判断的问题。

大多数关于人性问题的研究都采取了一种寻找遗传性生物倾向的形式，对某些类型的行为进行研究。这常常涉及试图将这些假定的遗传特征追溯到动物生活的较低层次，使得这一探索与其说是对人类本性的探索，不如说是对我们的行为与动物的联系的探究。与此相关的是人类社会生物学的领域，伴随而来的是人性本能理论的复兴。对这种思想流派的研究会让我们了解更多相关知识，但我认为它的流行源于它的简单性。它解释了人类普遍存在的这种或那种行为特征，你会在动物身上找到相似的特征，然后假设它们之间存在着遗传联系。而不需要定位基因——因为那是属于另一个部分。这样，在只有类比的情况下就可以假设因果关系，这就产生了草率的科学。

大多数人类学家都拒绝用这种轻率的方法来处理一种复杂的问题。这并不是因为他们认为生物人类学是无关紧要的，因为我们肯定是从其他物种进化而来的一种动物。更确切地说，这是因为我们对某些行为的生物性驱动是广泛和分散的，并且是完全由我们的社会化——也就是文化——塑造的。人类学家也对一些理论持怀疑态度，这些理论倾向于将人类一些最糟糕的特征自然化，并间接地为其辩护，比如战争和杀戮。

人类行为的最重要方面是它在我们的生物性驱动与文化的相互

作用中获得归属及其内容。这并不是行为主义心理学所认为的文化与被动的、可塑的心理之间的单方面关系，而是文化与非常抗拒、自私、非常理性的个体之间的一种相互妥协的过程。因此，一个"自然"的人，在术语上是矛盾的。此外，由于我们的本性既存在于我们的内心，也存在于我们的周围，所以说"人的状况"比说"人的本性"更恰当。这与残疾的体验是一致的，通过残疾我们发现，在许多方面，社会人类学比生物学教了我们更多。

我们对残疾的探索揭示出，残障者有陷入自我崩溃的巨大冲动，而不是他们需要与他人接触。没有人比弗洛伊德更清楚地看到这场斗争在全人类中的普遍性。没有当代精神分析的复杂词汇，就无法看清这些。弗洛伊德勾勒出了一部在人类经验中普遍存在的戏剧。它从孩童出生开始，首先是作为一个独立和不可分割的实体，所有的鼓励和奋斗都是指向自己的。孩子的社会化是一个过程，首先通过对母亲的爱恋使他从这种原始的自恋中解脱出来，然后通过母亲的拒绝磨灭他希望拥有母亲的愿望。因此，儿童认识到，他必须实践自我否定，并将他的精力和渴望重新定位到家庭以外的更大的社会。但这种分离留下了瘢痕。通过它，我们发现，所有的依恋会导致分离，我们第一次的爱被拒绝了。爱也有其消极的一面，它是非常矛盾的。

虽然我们可能从意识中压抑关于俄狄浦斯恋母情结戏剧的记忆，但是它还会以隐蔽的形式在梦想、神话和行动中回到我们身边。在一种强烈的冲动下，它又回来了，带着一种想要倒退的冲动，想要重新获得我们早先的快乐，想要重新获得婴儿的完整而未曾有过分裂的世界。我们走出去及向上迈的每一步都与这种引力背道而驰。

但是，回归到母亲身边的诱惑是温馨的，是对母亲矛盾一面的屈从，是对自我再生和毁灭的一种象征性的威胁。过去的吸引力也有社会性的一面，因为它终结了自我否定和互惠的必要性。这是列维-施特劳斯的乐土，一个梦想"将社会人永远拒绝的，一个人们可以保持自我世界的欢乐转移到……无法实现的过去或未来"（列维-施特劳斯强调）①。

因此，厄洛斯（爱欲）的两张脸是对他人的一种延伸，是对我们的过去的一种回溯，或者说是一种内在的旅程——屈服于原始自恋的怀旧诱惑。在他生命的尽头，不可避免地受第二次世界大战的困扰，弗洛伊德完成了他的人类宇宙的最后一个对立：生与死。生命的动力发现了它在死亡本能中的终极对位，对痛苦、黑暗、毁灭、暴力和战争的渴望。但是否存在与生俱来的死亡本能呢？这并不是弗洛伊德更受欢迎或更有说服力的观点之一，尽管这种观点最直言不讳的倡导者诺曼·O.布朗（Norman O. Brown）在他的著作《生与死》中使用了这个概念，作为他对个人神化的一个元素，他对未来世界的愿景是没有压迫的。②我更倾向于把死亡本能解释为厄洛斯对自恋起源的回归，回归到未分化的自我，回归到婴儿般的存在，在这种存在中，孩子是他所代表的宇宙的主人。人类有一种原始的冲动，去重新建立无尽的"海洋"的感觉，并消除身份的边界。因此，没有一种单独的本能会使自己忘却，也不会使自己死亡。它是一种广义生命力量的一部分，走到尽头，却一无所获，因为它们是相同

---

① Lévi-Strauss, *Structure of Kinship*, p.497.
② Norman O. Brown, *Life Against Death: The Psychoanalytic Meaning of History* (New York: Vintage Books, 1959).

的。我相信这是弗洛伊德真正想说的。这也是黑格尔所表达的意思。

以外部联系为代价，厄洛斯实现了对家庭的回归。它是一种对他人的背离，是在恋母情结斗争中开始的一种倒退社会关系的演变。死亡与孤独是虚无的不同方面，就像没有不受社会排斥的人性一样，也不可能有完全孤立的人的存在。因此，与他人的疏远是对社会存在的剥夺，因为正是在束缚中，自我才得以被锻造和维持。然而，这种自我的丧失是瘫痪者的社会孤立所固有的，因为神经损伤使他们进一步与自己的身体分离，而社会又使他们与以前的身份相分离。他们的困境是，他们已经从其他人中分离出来，并且内心变得四分五裂。

因此，我们所有的努力都有一个连续的过程，在这个过程中，我们需要伸出援手，相互联系，彼此关爱，同时不要迷失自我。与之相对应的，一方面这种回归的诱惑就像回到母亲的身边一样，另一方面是对被动和失去权力的恐惧。归根结底，保持内向和外向之间的微妙平衡，使社交生活成为可能。我们所有的时刻都是在这两者之间不断地被拉扯。这也是我们生活的故事。

这一主题在萨缪尔·贝克特的小说《莫菲》[①]中得到了精彩的发展。《莫菲》是一个关于人类处境的寓言，也是爱尔兰人的墓志铭。这本书的主人公致力于寻找自我，寻求生命的延展。为了做到这一点，他整天都光着身子坐在摇椅上，一开始用力摇晃，后来渐渐地慢下来，直到所有的动作都停止了。他的身体很疲惫，但他的思想可以自由地飘荡，寻求着内在的统一。莫菲的女性朋友西莉亚的职业是街头妓女，她希望在婚姻中获得尊重，所以她很担心莫菲，希

---

① Samuel Beckett, *Murphy* (New York: Grove Press, 1957).

第九章 生命无药可医

望他起床走动走动,这是可以理解的。

"我就是我所做的那个人。"她说。

"不,"莫菲说,"你做的是你自己,你做的只是自己的一小部分,你会因做事而感到沉闷。"①

因此,正是我们的英雄试图通过赤裸裸的静止———一种选择性的瘫痪——一种后来被《第二十二条军规》(Catch-22)中的士兵使用的做法,来阻止生命的流失。他在黑暗中一动不动地、赤身裸体地坐着以延缓时间,从而延长他的生命,并逃离战争的屠杀。而《第二十二条军规》是最后一种双重束缚,所有的道路都通向萨迈拉(Samarra),完全的惰性和孤立只是自我毁灭的另一种形式。当莫菲在一家精神病院找到了一份服务员的工作,并在精神分裂症患者内心的孤独中找到了自己的化身时,这一点就更明显了。

治疗的作用是弥合"现实"和"非现实"之间的鸿沟,把患者从他自己有害的肮脏地方中转移到由离散个体组成的光辉世界……所有这一切都使莫菲反感,他来自实践和理性的经验,迫使他把精神病医生所说的流亡地称之为避难所。②

但是,焦虑症的世界是一个戒备森严的世界——一个进入和

---

① Samuel Beckett, *Murphy*, p.37.译文出自曹波、姚忠译《莫非》,湖南文艺出版社 2016年版。——译者注
② Ibid., pp.177-178.译文出处同上。——译者注

逃避一样艰难的世界——一种颠倒的意识和分离的现实世界，它有自己奇特的开始仪式。最后，死亡是莫菲在被称为文化疯狂中的唯一救赎。这部悲剧性喜剧所传达的信息（或者说它是一场喜感的悲剧？）包含在他的导师尼利先生的悲观话语中。

……被称为生命的综合征太过弥漫，难有缓和的可能。每一种症状的缓解，都会使另一种症状恶化。①

名为"生命"的疾病无药可医。

在我漫漫的生命旅程中，我一直对自己说，我以前也是这样来的，因为旅程呼应了生活的节奏，每个人都会有熟悉的共鸣。我们所有人都在失去自我和失去他人之间，在走向世界和回归自我的内心之间，在生与死之间摇摆不定。但是，瘫痪者"似曾相识"的感觉是一个拒绝他的社会、贬低他的人群，是在他和生活于其中并实现其价值的任何机会之间设置的障碍。瘫痪者的惰性是死亡本身的象征，他是生活中的消极成分；他代表着对身体的反向定义，他是身体虚弱的鲜明提醒。这是一个强有力的比喻，很多残障人士已经屈服，并永远生活在他的阴影下。这是生命的一种过早死亡，但这也是大批残障人士失乐园般的领域，他们唯一的残疾是过早地放弃。

然而，生活的力量——源于复活、饥饿、寻找、自信的厄洛斯

---

① Samuel Beckett, *Murphy*, p.57. 译文出自曹波、姚忠译《莫非》，湖南文艺出版社2016年版。——译者注

（爱欲）——是强大的，有数百万人在身体衰弱的各个阶段，摆脱了依赖的束缚和绝望的吸引力，努力进入那个已经停止对他们人性评判的社会。他们通过相互联系和参与工作，拒绝强加在他们身上的限制和对他们身份的建构。他们正是推进我们这个世纪争取尊严和自由的伟大斗争者之一。

我于1971年首次出版的《社会生活的辩证法》(The Dialectics of Social Life)探讨了文化规范的意义与社会活动兴衰之间永恒的矛盾。最终，它不得不以对社会及其对文化形式暴政的蔑视而告终。本书延续了这个主题，通过对本体——存在状态——的理解来探索社会中处于瘫痪状态的个人。我发现它在生命的战斗中以最高的形式被包裹起来，以抵抗孤立、依赖、诋毁、混乱，以及所有其他的东西，这些东西把他们从生活中拖出，进入他们的内在自我和最终的否定。这场斗争是人类对生命的愤怒的最高表达，也是我们瘫痪者和所有残障人士的终极目标——就像《受难记》中的演员，寻求复活的伶人。

因此，我们可以回到我们开始探索之前提出的问题：死亡是否比残疾更可取？不，不是这样的，因为这个选择将否定我们可以附加到所有生命的唯一意义，无论它有什么样的局限。宁死不残的概念，只不过是对身体受损的最终的诽谤，因为它质疑生命的价值和存在的权利。但是，我们会存在，因为如果所有其他的意义和价值都是任意的，是文化上相对的，那么唯一超越的价值就是生命本身。生命既是它自己的手段，也是它的目的，这是一份不该被拒绝也不该被抛弃的礼物，除非遇到了极端情况。生命与其说是一种状态，不如说是一种过程，是一场有着必然结局的戏剧，因为沉寂和解体是一切的命运。

但是，美好生活的本质是对消极、惰性和死亡的蔑视。生命有一个必须不断地庆祝和更新的仪式；它是一个盛大的节日，在瘫痪者从身体的牢笼中挣脱出来时，他在追求自主权的过程中也完成了一次圣礼。

从字面上看，残障人士似乎永远是肉体的囚徒，但我们大多数人都是与生俱来的囚犯。我们生活在我们自己制造的围墙里，透过文化铸起的藩篱，透过恐惧磨炼出来的铁栏，凝视着外面的生活。这种对文化的束缚变得僵化和盲目崇拜，比自己身体上的束缚更为沉重。它会导致精神的麻痹、思想的停滞，被禁锢的思想使我们错过了今天社会快速变化造成的一日千里给我们带来的巨大机遇。为了让自己从文化的边缘中解放出来，某种程度上我们需要脱离之前的环境，重新发现我们是什么，我们在哪里。正是通过这种方式，残障人士——以及我们所有人——将在思想的轮廓和想象的传递中找到终极的自由。

参考书目

Beckett, Samuel. *Murphy.* New York: Grove Press, 1957.

Berger, Peter, and Hansfried Kellner. "Marriage and the Construction of Reality." *Recent Sociology* 2 (1972), 50–72.

Bowe, Frank. *Rehabilitating America: Toward Independence for Disabled and Elderly People.* New York: Harper and Row, 1980.

——. *Disabled Adults in America.* Washington: President's Committee on Employment of the Handicapped, 1983.

Brown, Norman O. *Life Against Death: The Psychoanalytic Meaning of History.* New York: Vintage Books, 1959.

Carling, Finn. *And Yet We Are Human.* London: Chatto & Windus, 1962.

Chesler, M. A. "Ethnocentrism and Attitudes Toward Disabled Persons." *Journal of Personality and Social Psychology* (1965), 2: 877–882.

Cogswell, Betty E. "Self-Socialization: Readjustment of Paraplegics in the Community." *Journal of Rehabilitation* (1968) 34: 11–13, 35.

Davis, Fred. "Deviance Disavowal: The Management of Strained Interaction by the Visibly Handicapped." *Social Problems* (1961), 9:121–132.

——. *Passage Through Crisis: Polio Victims and Their Families.* Indianapolis: Bobbs-Merrill, 1963.

Douglas, Mary. *Purity and Danger: An Analysis of the Concepts of Pollution and Taboo.* London: Routledge & Kegan Paul, 1966.

Durkheim, Émile. *Suicide.* New York: Free Press, 1966.

English, R. William. "Correlates of Stigma Towards Physically Disabled Persons." *Rehabilitation Research and Practice Review* (1971), 2: 1–17.

Festinger, Leon. *A Theory of Cognitive Dissonance.* Stanford, Cal.: Stanford University Press, 1962.

Frank, Gelya. "Venus on Wheels: The Life History of a Congenital Amputee." Ph.D. dissertation, Department of Anthropology, University of California, Los Angeles, 1981.

———. "On Embodiment: A Case Study of Congenital Limb Deficiency in American Culture." Wenner-Gren Working Papers in Anthropology, 1984.

Freud, Sigmund. "Mourning and Melancholia" in *The Complete Psychological Works of Sigmund Freud.* Edited by J. Strachey. London: Hogarth Press, 1957. 14: 243–258.

Gliedman, John, and William Roth. *The Unexpected Minority: Handicapped Children in America.* Edited by Thomas A. Stewart. New York: Harcourt Brace Jovanovich, 1979.

Goffman, Erving. *Asylums: Essays on the Social Situation of Mental Patients and other Inmates.* Garden City, N.Y.: Doubleday-Anchor, 1961.

———. "On the Nature of Deference and Demeanor." *American*

Anthropologist (1956), 58: 473–502.

——. *The Presentation of Self in Everyday Life.* New York: Doubleday, 1959.

——. *Stigma: Notes on the Management of Spoiled Identity.* Englewood Cliffs, N.J.: Prentice-Hall, 1963.

Gwaltney, John. *The Thrice Shy: Cultural Accommodation to Blindness and Other Disasters in a Mexican Community.* New York: Columbia University Press, 1970.

Hanks, Jane, and L. M. Hanks, Jr. "The Physically Disabled in Certain Non-Occidental Societies." *Journal of Social Issues* (1948), 4: 11–20.

Jackall, Robert. "Moral Mazes: Bureaucracy and Managerial Work." *Harvard Business Review* (September-October 1983), 118–130.

Kojima, Yoko. "Disabled Individuals in Japanese Society." *Rehabilitation World* (1977), 3: 18–25.

Lévi-Strauss, Claude. *The Elementary Structures of Kinship.* Boston: Beacon Press, 1969.

——. *Tristes Tropiques.* New York: Atheneum, 1974.

Mack, Richard. Unpublished manuscript, 1985.

Mead, George Herbert. *Mind, Self and Society.* Chicago: University of Chicago Press, 1934.

Merleau-Ponty, Maurice. *The Phenomenology of Perception.* New York: Humanities Press, 1962.

Miner, Horace. "Body Ritual Among the Nacirema." *American*

Anthropologist (1956), 58: 503–507.

Murphy, Robert F. *The Dialectics of Social Life: Alarms and Excursions in Anthropological Theory.* New York: Basic Books, 1971.

——. "Man's Culture and Woman's Nature." *Annals of the New York Academy of Sciences* (1977), 293: 15–24.

——. *An Overture to Social Anthropology.* Englewood Cliffs, N.J.: Prentice-Hall, 1979. Second edition: *Cultural and Social Anthropology: An Overture*, 1986.

Murphy, Robert F., Jessica Scheer, Yolanda Murphy, and Richard Mack. "Physical Disability and Social Liminality." (In press.) 1986.

Murphy, Yolanda, and Robert F. Murphy. *Women of the Forest.* New York: Columbia University Press, 1974. Second edition, 1986.

Nathanson, Morton, Philip S. Bergman, and Gustave G. Gordon. "Denial of Illness: Its Occurrence in One Hundred Consecutive Cases of Hemiplegia." *Archives of Neurology and Psychiatry* (1952), 68: 380–387.

Parsons, Talcott. "Definitions of Health and Illness in the Light of American Values and Social Structure" in *Patients, Physicians and Health.* Edited by E. G. Jaco. Glencoe, Ill.: Free Press, 1958.

——. *Social Structure and Personality.* New York: Free Press, 1964.

Rabin, David, with P. L. Rabin and R. Rabin. "Compounding the Ordeal of ALS: Isolation from My Fellow Physicians." *New England Journal of Medicine* (August 29, 1982), 506–509.

Ryan, William. *Blaming the Victim.* New York: Vintage Books, 1976.

Sacks, Oliver. *Awakenings.* New York: Vintage Books, 1976.

——. *A Leg to Stand On.* New York: Summit Books, 1984.

——. *The Man Who Mistook His Wife for a Hat and Other Clinical Tales.* New York: Summit Books, 1985.

Safilios-Rothschild, Constantina. *The Sociology and Social Psychology of Disability and Rehabilitation.* New York: Random House, 1970.

Scheer, Jessica. "'They Act Like It Was Contagious'" in *Social Aspects of Chronic Illness, Impairment and Disability.* Edited by S. C. Hey, G. Kiger, J. Seidel. Salem, Ore.: Willamette University, 1984.

Schneider, David M. "The Social Dynamics of Physical Disability in Army Basic Training." *Psychiatry* (1947), 10: 323–333.

Siller, Jerome. "Psychological Situation of the Disabled with Spinal Cord Injuries." *Rehabilitation Literature* (1969), 30: 290–296.

Simmel, Georg. *The Sociology of Georg Simmel.* Edited by Kurt Wolff. Glencoe, Ill.: Free Press, 1950.

Sontag, Susan. *Illness as Metaphor.* New York: Farrar, Straus and Giroux, 1978.

Turner, Victor. *The Forest of Symbols: Aspects of Ndembu Ritual.* Ithaca, N.Y.: Cornell University Press, 1967.

——. *The Ritual Process: Structure and Anti-Structure.* Ithaca, N.Y.: Cornell University Press, 1969.

van Gennep, Arnold, *The Rites of Passage.* Chicago: University of Chicago Press, 1960.

Weinstein, E. A., and R. L. Kahn. "The Syndrome of Anosognosis." *Archives of Neurology and Psychiatry* (1950), 64: 772–791.

Wright, Beatrice. *Physical Disability: A Psychological Approach.* New York: Harper and Row, 1960.

译后记

从拿到这本书到最后译稿的成型，已经两年多过去了，在此期间，全世界发生了很多大事，也改变了整个格局，尤其是新冠肺炎疫情，改变了我们生活中的很多东西。

这本书得以面世，首先要感谢上海教育出版社，感谢本书的责任编辑储德天女士，她在工作中的耐心与细致，让我非常感动。记得最初出版社的老师找到我，是因为他们想找一个人类学学科出身的人来翻译这本书，而我有幸成为译者。后面虽然因为其他繁杂的事务使得翻译进度有点拖拉，但作品带给我的影响却是一辈子的。

记得我刚拿到书稿的时候，觉得工作量应该不算太大，因为原书并不厚，试读了几页就被吸引了，就欣然接受了这个任务。那时候我的导师——美国著名的人类学家、佛罗里达大学人类学系的莫瑞教授还在上海，有一天他和太太来我家做客，看见我正在看这本书，就很惊奇地说："你在读墨菲教授的作品啊！他是我在哥伦比亚大学读书时候的老师呢。"我非常惊讶，原来墨菲教授是莫瑞教授的老师，那也算我的师爷了！缘分真是奇妙，我居然在翻译师爷的书，我想墨菲教授如果在天有灵，也一定会很开心吧。在正式翻译这本书之前，我对残疾人是有一些了解的，不只是因为身边有这样的朋友，我父亲因脑血栓导致下肢残疾，现在大部分时间需要坐轮椅。当时我有几位残疾朋友在残联工作，从他们那里我听到了不少关于残障人士励志的故事。当时觉得自己还是比较了解残障群体，但真正读了这本书以后，我认识到，关于残障人士真正的世界，我们普通人了解的太少了。

本书是一位人类学家关于自己遭遇残疾的经历的讲述，也是他与他的妻子与生活磨难抗争的故事。墨菲教授通过亲身经历和体验，用民族志的方式记录了自己从正常人到残疾人的全部过程和心路历程，堪称是自我民族志的典范。他在书中用了人类学经典的"深描"手法，把日常生活中的细节和人物活动绘成生动的"画像"。墨菲教授在慢慢变成残疾人的过程中，他所经历的不安、歧视、崩溃、痛苦和被接纳是多么的不容易。实际上，这也是一个正在遭遇残障苦难的人的生命体验，很多的时候，外面世界的人是无法感知到这些情绪的。从这个层面上来说，墨菲教授是所有残障人士最好的代言人，他说出了太多残障人士想要表达的东西，他用尽全力在为这个群体呐喊，这使得本书的社会价值远远超过其学术价值。在这本书中，我们不但能感受到残障人士所经历的不一样的世界，同时也能从文化的视角看到一个人的社会化，看到时代的变迁对人们生活带来的影响。最最重要的，我们能够感受一位人类学家对生命的反思与敬畏。

对一个人类学专业的译者来说，整本书写作流畅，真实生动，不像那些艰深晦涩的哲学作品一样难读，然而，书中也涉及很多医学术语，所以我在翻译的过程中不得不时常向我的医生朋友们求教。因此，我特别要感谢我的好朋友李玉湘和王德元，他们是一对医生伉俪，帮我校对医学类的专业词汇，并给我普及相关知识；同时他们也是这部译作的首批读者，为此提出了不少宝贵意见。在此，还要感谢为本书顺利出版提供帮助的包莉莉、刘若盈、谭雪一、宋小轩、黄梦婷、尤春雪、刘翠林、石宽宽、王冠鑫、王霞等，这些年轻的朋友们细心地校对文稿，不厌其烦地帮忙查阅有关词汇和原文的出处，并提供了很好的建议，为此付出了诸多时间及精力，在此一并致谢。此外，还要感谢其他为本书翻译、出版提供过帮助的朋友们，有了大家的共同努力，才使得墨菲教授的这部作品和中国读者顺利见面。

残障是人生的苦难，希望我们能通过这本书，了解身边残障人士的不平凡世界，理解他们的境遇，不但从"他者"的视角，还要从"自观"的视角达到共情，从而更好地理解和热爱在这个世界中的所有。

邢海燕
于上海奉贤寓所
2021年10月1日